Das Vorsorge-Handbuch

Patientenverfügung
Vorsorgevollmacht
Betreuungsverfügung
Testament

JAN BITTLER | HEIKE NORDMANN | WOLFGANG SCHULDZINSKI

verbraucherzentrale

Inhalt

9 So nutzen Sie dieses Buch

10 Fünf Gründe, die eigenen Angelegenheiten zu regeln

11 Patientenverfügung

12 **In sieben Schritten zur Patientenverfügung**

13 **Gründe für eine Patientenverfügung**
14 Was passiert ohne eine Patientenverfügung?
14 Hier gibt es Rat und Hilfe

17 **Was in einer Patientenverfügung geregelt werden sollte**
17 So nähern Sie sich dem Thema
20 Vordrucke und Muster

20 **Die formalen Anforderungen an eine Patientenverfügung**

22 **Aufbewahrung und Hinterlegung**

23 **Der Organspendeausweis**

25 Vorsorgevollmacht

26 **In sechs Schritten zur Vorsorgevollmacht**

27 **Das ist wichtig zu wissen**
27 Vollmacht oder Vorsorgevollmacht – Wo liegt der Unterschied?
28 Die Auswahl des Bevollmächtigten
31 Das muss in einer Vorsorgevollmacht stehen
33 Die formalen Anforderungen an eine Vorsorgevollmacht
35 Aufbewahrung und Hinterlegung
35 Änderung und Widerruf der Vollmacht

36 **Die Vereinbarung zwischen Vollmachtgeber und Bevollmächtigtem im Innenverhältnis**
36 Bedingungen zum Einsatz der Vollmacht
37 Wünsche und Anweisungen an den Bevollmächtigten
37 Checkliste für die Vorsorgevollmacht und die Vereinbarung im Innenverhältnis

39 **Typische Fehler bei der Vorsorgevollmacht**

40 **Welche Besonderheiten gibt es noch?**

Das
Vorsorge-
Handbuch

43 Betreuungsverfügung

44 In fünf Schritten zur Betreuungsverfügung

45 Das ist wichtig zu wissen
45 Die formalen Anforderungen an eine Betreuungsverfügung
45 Der Betreuer
46 Das steht in einer Betreuungsverfügung
48 Wirksamkeit und Aufgabenkreis einer Betreuungsverfügung
49 Aufbewahrung und Hinterlegung
50 Die Kosten der Betreuung
50 Kontrolle der Betreuer

51 Sorgerechtsverfügung für Kinder

52 In fünf Schritten zur Sorgerechtsverfügung

53 Das Wichtigste zuerst
53 Die Sorgerechtsverfügung als Letzter Wille
54 Die Sorgerechtsverfügung zu Lebzeiten

54 Das wird in der Sorgerechtsverfügung geregelt
55 Die Pflegschaft zur Verwaltung des Nachlasses

56 Der Vormund
56 So finde ich den richtigen Vormund

58 Aufbewahrung und Hinterlegung

59 Testament und Erbvertrag

60 In fünf Schritten zum Testament

61 Wer braucht ein Testament?

62 Das Wichtigste zum Erbrecht
63 Die gesetzliche Erbfolge
65 Wenn zwei zusammenleben: Das Ehegattenerbrecht
68 Die Erbengemeinschaft: Viele Erben, viel Konfliktpotenzial
71 Das Pflichtteilsrecht: Auch Enterbte bekommen einen Anteil
72 Die Erbschaftssteuer: Viel Geld für den Staat

75 So setzen Sie ein Testament und einen Erbvertrag auf
76 Das Ehegattentestament
77 Der Erbvertrag

Fortsetzung Inhalt →

- 78 **Gestaltungsmöglichkeiten für Testamente und Erbverträge**
- 78 Vermächtnisse und Teilungsanordnungen: Wer bekommt was?
- 80 Ehegattentestamente: Ein Testament für zwei
- 84 Das Behinderten- und Bedürftigentestament: Vorsorge um Dritte
- 84 Die Anordnung einer Testamentsvollstreckung
- 85 Die Pflichtteilsstrafklausel: Wer zu früh fordert, verliert
- 86 Die Ersatzerbenregelung
- 86 Auflagen: Verpflichtungen für Erben
- 87 Bedingungen: Kein Erbe ohne Gegenleistung
- 87 Die Wiederverheiratungsklausel: Einen neuen Partner raushalten
- 87 Die Katastrophenklausel: Wenn Ehepartner gleichzeitig sterben
- 88 Die Freistellungsklausel: Änderungen möglich

- 88 **Rechtsanwälte, Notare, Gebühren**

- 91 **Was bei Eintritt eines Erbfalls passiert**
- 92 Nachlassgericht und Erbscheinverfahren
- 93 Sonderproblem: Totenfürsorgerecht, Bestattung und Grabpflege
- 95 Schulden im Nachlass – was tun?
- 97 Die Erbschaftssteuererklärung: Das Finanzamt fordert seinen Anteil

- 98 **Schenkung und vorweggenommene Erbfolge: Weitergabe zu Lebzeiten**
- 98 So werden Zuwendungen zu Lebzeiten im Erbfall berücksichtigt
- 101 Rückabwicklung und Rückforderung

103 Adressen, Stichwortverzeichnis, Autoren, Impressum

- 104 **Stichwortverzeichnis**
- 106 **Adressen**
- 107 **Autorinnen und Autoren**
- 108 **Impressum**

Immer aktuell

Wir informieren Sie über wichtige Aktualisierungen zu diesem Ratgeber. Wenn sich zum Beispiel die Rechtslage ändert, neue Gesetze oder Verordnungen in Kraft treten, erfahren Sie das unter www.vz-ratgeber.de/aktualisierungsservice

Ausfüllhilfen, Vordrucke, Textbausteine

1 **Patientenverfügung**
3 Fragen zu Ihren persönlichen Vorstellungen
9 Erklärungen zu den Textbausteinen: Patientenverfügung
11 Textbausteine für die Patientenverfügung

17 **Vorsorgevollmacht**
19 Hilfe zum Ausfüllen: Vorsorgevollmacht
25 Formular: Vorsorgevollmacht
31 Hilfe zum Ausfüllen: Vereinbarung im Innenverhältnis
37 Formular: Vereinbarung im Innenverhältnis

43 **Betreuungsverfügung**
45 Hilfe zum Ausfüllen: Betreuungsverfügung
49 Formular: Betreuungsverfügung

55 **Sorgerechtsverfügung für Kinder**
57 Erklärungen zu den Textbausteinen: Sorgerechtsverfügung
59 Textbausteine für die Sorgerechtsverfügung

61 **Testament**
63 Erklärungen zum Muster I: Einzeltestament
64 Erklärungen zum Muster II: Berliner Testament
66 Erklärungen zum Muster III: Gemeinschaftliches Testament mit Vor- und Nacherbschaft
68 Erklärungen zum Muster IV: Behinderten-/Bedürftigentestament
69 Muster I: Einzeltestament
70 Muster II: Berliner Testament
72 Muster III: Gemeinschaftliches Testament mit Vor- und Nacherbschaft
74 Muster IV: Behinderten-/Bedürftigentestament
76 Muster V: Verfügung über Bestattung und Totenfürsorge

Alle Formulare können Sie auch online ausfüllen und ausdrucken. Weitere Informationen dazu finden Sie bei den einzelnen Formularen.

So nutzen Sie dieses Buch

Liebe Leserin, lieber Leser,

dieses Buch liegt vor Ihnen, weil Sie wahrscheinlich den festen Vorsatz haben, eine Vorsorgevollmacht oder eine Patientenverfügung, eine Betreuungsverfügung oder ein Testament aufzusetzen. Der erste Schritt ist getan. Jetzt fehlt nur noch der zweite und oftmals viel schwierigere: Es tatsächlich tun.
Denn es geht um viele wichtige Fragen und Entscheidungen. Wenn Sie sichergehen wollen, dass im Fall der Fälle Entscheidungen in Ihrem Sinn getroffen werden, müssen Sie sich zwangsläufig mit dem Leben und dem Sterben auseinandersetzen. Das ist nicht einfach. Deshalb möchten wir Ihnen so gut wir können dabei helfen.

Dieser Ratgeber ist als Arbeitsbuch aufgebaut. Für den schnellen Überblick erklären wir zunächst in knapper Form, was welche Verfügung regelt und warum man sie braucht (→ **Seite 10**). Sie müssen nicht alle Verfügungen auf einmal verfassen. Nehmen Sie sich das Dokument, das Ihnen im Moment am wichtigsten ist, und lesen Sie den entsprechenden Abschnitt durch.

Im vorderen Teil des Buches stellen wir die unterschiedlichen Verfügungen und Vollmachten vor (→ Seite 11 bis 102). Sie erfahren hier, warum Sie bestimmte Formulierungen aufnehmen sollten und was beim Abfassen sonst noch zu beachten ist. Muss die Patientenverfügung handschriftlich erstellt werden oder reicht ein Computerausdruck? Welche Konsequenzen hat es, wenn Sie in Ihrer Vorsorgevollmacht auch Details regeln? Und welche Tücken gibt es bei einem Ehegattentestament? Diesen Teil des Buches erkennen Sie an der Farbe **Orange.**

Im hinteren Teil finden Sie Textbausteine, Musterbeispiele und Formulare zum Ankreuzen (→ Seite 1 bis 76). Dieser Teil des Buches hat die Farbe **Rot.** Formulare sind praktisch, aber nicht für jede Verfügung geeignet. Weil sie wenig Spielraum lassen, um persönliche Wünsche und individuelle Situationen zu beschreiben, besteht die Gefahr, dass sie im Ernstfall nicht anerkannt werden. Das gilt vor allem für die Patientenverfügung und die Sorgerechtsverfügung. Deshalb haben wir uns für einen anderen Weg entschieden und bieten Ihnen Formulierungsbeispiele an.

Sie können alle Textbausteine und Musterbeispiele heraustrennen. Nehmen Sie sich ein Blatt Papier und einen Stift, legen Sie unsere Formulierungshilfen daneben und arbeiten Sie sich Punkt für Punkt vor. So lässt sich eine Verfügung schon an einem Abend erstellen. Vielleicht ist diese Fassung noch nicht endgültig, aber zumindest haben Sie ein gutes Gerüst, mit dem Sie weitermachen und das Sie mit Angehörigen besprechen können. Etwas in der Hand zu halten ist ein weitaus besseres Gefühl als immer zu denken: „Ich müsste noch…"

Fangen Sie einfach an, ändern können Sie später immer noch.

Fünf Gründe, die eigenen Angelegenheiten zu regeln

Legen Sie Ihre persönlichen Wünsche fest und schaffen Sie so Klarheit für sich und Ihre Angehörigen.

1. Patientenverfügung: Am Lebensende mitbestimmen

Mit einer Patientenverfügung können Sie festlegen, wie viel Medizin am Ende Ihres Lebens eingesetzt werden soll. Liegt keine Patientenverfügung vor, müssen Ärzte und Angehörige versuchen, Ihren mutmaßlichen Willen zu ermitteln. Gegebenenfalls wird ein Betreuungsgericht eingeschaltet. Dritte bestimmen dann über Ihr Leben und Ihren Tod. Möchten Sie selbst Einfluss nehmen? Die Patientenverfügung ist der beste Weg.

2. Vorsorgevollmacht: Ohne Vollmacht keine Befugnisse

Irrtümlicherweise glauben viele Menschen, dass automatisch Ehepartner, Eltern oder Kinder an ihrer Stelle entscheiden dürfen. Das ist nicht der Fall. Dritte, auch Angehörige, benötigen eine Vollmacht, damit sie Rechnungen begleichen oder die Post öffnen dürfen. Liegt keine Vollmacht vor, ordnet das Gericht eine gesetzliche Betreuung an. Wenn Sie das nicht wollen, sollten Sie eine Vorsorgevollmacht aufsetzen.

3. Betreuungsverfügung: Den Betreuer bestimmen

Eine gesetzliche Betreuung wird notwendig, wenn ein Mensch seine Angelegenheiten nicht mehr selbst regeln kann und keine Vorsorgevollmacht vorliegt – oder diese nicht gilt. In diesen Fällen setzt das Betreuungsgericht einen gesetzlichen Betreuer ein. Er muss bestimmte formale Kriterien erfüllen, kann aber eine völlig fremde Person sein. Mit der Betreuungsverfügung bestimmen Sie Ihren Betreuer.

4. Sorgerechtsverfügung: Die Kinder in gute Hände geben

Was passiert mit meinen Kindern, wenn ich mich nicht um sie kümmern kann? Diese Angst treibt viele Eltern um. In solchen Fällen bestimmt das Familiengericht einen Vormund. Mit einer Sorgerechtsverfügung können Sie Einfluss auf die Wahl des Vormunds nehmen.

5. Testament: Streit ums Erbe entgegenwirken

Ohne ein Testament oder einen Erbvertrag bekommen die gesetzlichen Erben automatisch das Vermögen des Verstorbenen zugesprochen. Die Erben müssen sich dann darüber einigen, wie der Nachlass aufgeteilt wird. Ein häufiger Streitpunkt. Das können Sie vermeiden.

Patientenverfügung

Selbstbestimmt zu leben und Entscheidungen zu treffen, ist für viele Menschen eine Selbstverständlichkeit. Deshalb wünschen sie sich, auch über ihr Lebensende mitzubestimmen. Eine Patientenverfügung ist dafür genau das Richtige.

In sieben Schritten
zur Patientenverfügung

So kommen Sie sicher zum Ziel:

1 Ich schiebe es nicht länger auf, sondern fange jetzt an.

2 Ich mache mir Gedanken darüber, wie ich behandelt werden möchte, wenn ich sehr krank bin.

3 Ich formuliere meine Einstellungen zu medizinischen Behandlungen und zum Sterben mithilfe der Fragen im Buch.

4 Ich lese mir die Textbausteine durch, entscheide, welche ich verwenden möchte und treffe in jedem Fall eine Entscheidung zu den drei Themen "Wiederbelebungsmaßnahmen", "künstliche Ernährung" und "Beatmung". Ich überlege, welche weiteren ich aufnehmen möchte. Wenn erforderlich, ändere ich sie nach meinen Vorstellungen ab. Falls ich eine medizinische Beschreibung nicht verstehe, frage ich meine Ärztin oder meinen Arzt.

5 Ich drucke den Text, mit Datum versehen, aus, unterschreibe ihn persönlich und lege ihn an einem sicheren, gut auffindbaren Ort ab.

6 Ich erzähle Angehörigen oder Freunden davon, dass ich eine Patientenverfügung habe und wo ich sie aufbewahre.

7 Ich kann alles jederzeit ändern, deshalb notiere ich mir im Kalender einen festen Termin im Jahr, an dem ich meine Patientenverfügung prüfe und eventuell Änderungen vornehme.

Gründe für eine Patientenverfügung

Wer selbst entscheiden möchte, wie viel Medizin am Ende seines Lebens eingesetzt wird, der sollte eine Patientenverfügung aufsetzen. Sonst liegt es in der Hand Dritter, ob zum Beispiel eine künstliche Ernährung erfolgt oder starke Schmerzmittel eingesetzt werden.

Heute sterben drei Viertel aller Deutschen in stationären Einrichtungen, vor allem in Krankenhäusern, Alten- und Pflegeheimen. Wer als Patient oder Angehöriger einen Krankenhausbetrieb oder ein Altersheim erlebt hat, besonders in Situationen, in denen es um schwere Erkrankungen oder das Sterben ging, der kann den Eindruck bekommen, dass es um die Selbstbestimmung nicht immer gut bestellt ist. Das mag an den Abläufen in solchen Einrichtungen liegen oder an der fehlenden Kraft der Betroffenen.

Viele Menschen wollen vorsorgen und bereits zu einem frühen Zeitpunkt festlegen, **wie sie mit bestimmten Situationen umgehen möchten und welche Wünsche die behandelnden Ärzte und Pfleger zu respektieren haben.** Eine solche Festlegung nennt man Patientenverfügung (fälschlicherweise auch als „Patientestament" bezeichnet).

Wichtig zu wissen: Patientenverfügungen gelten auch für Situationen, die nicht unmittelbar zum Tod führen. Sie können zum Beispiel festlegen, dass Sie bei einem Wachkoma keine lebenserhaltenden Maßnahmen wünschen.

Der medizinische Fortschritt ermöglicht es, vielen Menschen mit Krankheiten oder Verletzungen, die früher nach kurzer Zeit zum Tode führten, zu helfen. Allerdings kann sich damit auch die Grenze verschieben, an der sich die Frage nach einem Leben und Sterben in Würde stellt. Was bedeutet es für eine krebskranke Frau, nicht innerhalb von sechs Wochen, sondern erst nach einem Jahr an ihrer Krankheit zu sterben? Kann ihr so ermöglicht werden, schmerzfrei und bei voll erhaltenen geistigen Fähigkeiten ihre persönlichen Dinge zu regeln und Abschied von ihren Angehörigen und Freunden zu nehmen? Oder bedeutet es lediglich eine Verlängerung des Leidens? Für einen jungen Mann mag es nach einem Unfall mit anfänglichem Hadern großes Glück bedeuten, wenn er wiederbelebt wurde und durch intensive menschliche Begegnungen und Entwicklung neuer Interessen ein erfülltes Leben im Rollstuhl führen kann. Aber wie ist es zu bewerten, wenn er nach dem Unfall dauerhaft bewusstlos bleibt?

Mit diesen und ähnlichen Fragen, auf die sich keine allgemeingültigen Antworten finden lassen, sind Menschen, ihre Angehörigen und die behandelnden Ärzte immer wieder konfrontiert. Mit einer Patientenverfügung können Sie Vorsorge dafür treffen, dass Ihr Wille in diesen schwierigen Situationen berücksichtigt wird.

→ **GUT ZU WISSEN** Niemand darf gezwungen werden, eine Patientenverfügung aufzusetzen. Wenn ein Altenheim oder Krankenhaus bei der Aufnahme eine Patientenverfügung verlangt, ist das ungesetzlich.

»Entscheidet nicht automatisch mein Ehepartner für mich, wenn ich keine Patientenverfügung habe?«

Tatsächlich wird es im Alltag häufig so gehandhabt. Es ist aber rechtlich nicht korrekt, und der Ehepartner kann nicht verlangen, Entscheidungen zu treffen, wenn der Arzt ihn nicht einbezieht. Lässt sich der Wille des Patienten nicht ermitteln, muss der Arzt bei Gericht einen gesetzlichen Betreuer beantragen. Das kann, muss aber nicht der Ehepartner sein.

Was passiert ohne eine Patientenverfügung?

Liegt keine Patientenverfügung vor, entscheiden die Ärzte über die Behandlung. Dabei sollen auch Verwandte und Freunde hinzugezogen werden. Gibt es einen Bevollmächtigten oder einen vom Gericht bestellten Betreuer, muss sich dieser mit dem Arzt über den **mutmaßlichen Willen des Patienten** verständigen. Es empfiehlt sich daher, eine Patientenverfügung nicht isoliert zu sehen, sondern zusätzlich eine Vorsorgevollmacht mit der Befugnis zur Vertretung in medizinischen Angelegenheiten aufzusetzen. Weitere Informationen dazu stehen auf den **Seiten 25 ff.**

Da eine solche Vollmacht nicht immer die Einrichtung einer Betreuung überflüssig macht, ist es sinnvoll, zusätzlich eine Betreuungsverfügung zu verfassen und einen Wunschbetreuer zu benennen **(→ Seite 43).** Auf diese Weise versetzen Sie eine oder mehrere Person(en) Ihres Vertrauens rechtlich in die Lage, Ihre Wünsche umzusetzen und Entscheidungen in Ihrem Sinne zu treffen.

Gelingt keine Einigung, wird das Betreuungsgericht eingeschaltet, und Richter entscheiden über die weitere Behandlung. Dritte, also Angehörige oder Freunde, können jederzeit auch selbst das Betreuungsgericht anrufen, wenn sie den Eindruck haben, dass der Patientenwille nicht angemessen umgesetzt wird.

Hier gibt es Rat und Hilfe

Mit einer Patientenverfügung legen Sie Wünsche für eine Situation fest, die Sie aus eigener Erfahrung wahrscheinlich nicht kennen. Wer hat schon eine Vorstellung davon, wie jemand mit einer fortgeschrittenen Altersdemenz seine eigene Situation wahrnimmt? Umstände, die in gesunden Tagen unerträglich erscheinen, können ganz anders wahrgenommen werden, wenn man selbst betroffen ist. So berichten Menschen, die aus dem Wachkoma erwacht sind, wie sie um ihr Leben kämpften.

Sie können nicht in die Zukunft blicken. Sie werden also nicht wissen, wie Sie selbst in einer solchen Situation reagieren und was Sie sich dann wünschen. Sie können es nur vermuten, indem Sie sich dem Thema annähern. Dabei helfen Ihnen die Fragen auf den **Seiten 3 bis 8** im hinteren Teil des Buches.

Bevor Sie in einer Patientenverfügung bestimmten Behandlungsmöglichkeiten zustimmen und andere ablehnen, lassen Sie sich am besten von einem Arzt oder einer Ärztin Ihres Vertrauens beraten. Fragen Sie nach, was die Beendigung lebensverlängernder Maßnahmen oder die Gabe bewusstseinseintrübender Medikamente konkret bedeutet. So können Sie die Konsequenzen Ihrer Entscheidung eher überblicken.

→ **TIPP** Sie können Ihren Hausarzt oder einen Facharzt, bei dem sie wegen eines konkreten Leidens in Behandlung sind, um ein Gespräch bitten. Eine Alternative ist ein Gespräch mit einem Facharzt für Palliativmedizin. Solche Ärzte sind darauf spezialisiert, Menschen an ihrem Lebensende zu begleiten.

Möglicherweise müssen Sie dieses **Beratungsgespräch** privat bezahlen. Manche Krankenkassen übernehmen die Kosten, fragen Sie vorher nach. Auch wenn Sie selbst zahlen müssen, sollten Sie auf das Gespräch mit dem **Arzt** nicht verzichten. Denn wer weiß schon, welche Komplikationen zum Beispiel bei einem Schlaganfall auftreten können, mit welchen bleibenden Schäden bei unterschiedlichsten Erkrankungen zu rechnen ist, welche Chancen vergeben werden, wenn ohne zu differenzieren eine künstliche Ernährung pauschal abgelehnt wird, und was der Abbruch lebenserhaltender Maßnahmen für das eigene Empfinden bedeutet? Ein Arzt kann Ihnen zumindest eine Vorstellung davon geben. Hilfe bei Ihren Überlegungen können auch **Seelsorger** bieten.

Die Selbstbestimmung bei der medizinischen Versorgung ist ein wichtiges Thema für viele Verbände und **(Selbsthilfe-)Vereine.** Vor allem Organisationen, die sich mit schweren Krankheiten wie Krebs oder dem Umgang mit Sterben und Tod beschäftigen, stellen Informationsmaterialien bereit. Eine individuelle Beratung bieten jedoch nur wenige von ihnen an. Eine Ausnahme bilden Hospizvereine und Hospizeinrichtungen. Zumindest einige beraten zur Patientenverfügung. Telefonische Auskünfte bekommen Sie außerdem beim Zentralarchiv des Deutschen Roten Kreuzes (Telefon 06131/22 11 17) oder bei der Deutschen Stiftung Patientenschutz (Telefon 0231/73 80 730).

Bei rechtlichen Fragen helfen spezialisierte **Anwälte,** etwa für Familienrecht oder Medizinrecht, weiter. Auch **Notare** können zur Betreuungsverfügung beraten. Da es bei Notaren keine Spezialisierung auf bestimmte Themengebiete gibt, sollten Sie bei der ersten Kontaktaufnahme nach den Tätigkeitsschwerpunkten fragen.

Sie können Ihre Verfügung notariell beglaubigen oder beurkunden lassen. Eine Beurkundung, die eine Beratung beinhaltet, ist vor allem dann sinnvoll, wenn Dritte anzweifeln könnten, dass Sie beim Aufsetzen der Verfügung noch „im Vollbesitz ihrer geistigen Kräfte waren". Für die Leistungen des Notars fallen gesetzlich geregelte Gebühren an. Erkundigen Sie sich vorher, was die Beurkundung kostet.

Gute Ansprechpartner sind außerdem die **Betreuungsvereine.** Diese ehrenamtlichen Vereine arbeiten oft unter dem Dach der großen Wohlfahrtsverbände. Sie sollen in erster Linie ehrenamtliche Betreuer werben und sie bei ihrer Arbeit unterstützen. Außerdem beraten sie zum Thema Betreuungsverfügung. Da sich aber immer mehr Menschen mit Patientenverfügungen auseinandersetzen, helfen viele Betreuungsvereine auch bei diesem Thema und stellen Informationsmaterial zur Verfügung. Die Arbeit der Betreuungsvereine wird staatlich gefördert. Die Beratung ist in der Regel kostenfrei. Adressen finden Sie im Telefonbuch.

„Unser Ziel ist, dass Menschen bis zum Lebensende zu Hause bleiben können."

BENNO BOLZE ist Geschäftsführer des Deutschen Hospiz- und PalliativVerbandes in Berlin. Hospizdienste begleiten sterbende Menschen und beraten auch zur Patientenverfügung.

Herr Bolze: Ich kann in der Patientenverfügung festlegen, dass jegliche Zufuhr von Nahrung und Flüssigkeit über Sonden oder Infusionen unterbleiben soll. Muss ich Angst haben, jämmerlich zu verhungern und zu verdursten?
BENNO BOLZE: Wenn körperliche Aktivitäten aufgrund einer Erkrankung zurückgehen, benötigt der Körper nicht mehr so viel Nahrung. Nahrung und Flüssigkeit wird an den Bedarf angepasst. Das Gefühl von Durst entsteht vor allem im Mund. Wichtig ist, dass der Mund feucht gehalten und kontinuierlich und umfassend gepflegt wird. Dazu können zum Beispiel auch Eislutscher aus Zitronenlimonade verwendet werden.

Stehen die Hospize allen Menschen am Lebensende offen?
BENNO BOLZE: Grundsätzlich ja. Wir haben weit über 200 stationäre Hospize in Deutschland. Wenn absehbar ist, dass die Lebenserwartung zum Beispiel aufgrund einer Tumorerkrankung begrenzt ist, ist es sinnvoll, den Kontakt zu einem Hospiz zu suchen. Dort kann man dann rechtzeitig alle Fragen besprechen und sich über das Angebot informieren. Zum Teil gibt es Wartezeiten bis zur Aufnahme. Auch deshalb ist es sinnvoll, frühzeitig Kontakt aufzunehmen.

Kann ich auch zu Hause Unterstützung bekommen?
BENNO BOLZE: Das ist das Ziel der Hospizarbeit. Die meisten Menschen möchten bis zum Lebensende zu Hause bleiben. Es ist eine zentrale Aufgabe der Hospizdienste, dies zu ermöglichen. Unsere Mitarbeiter begleiten die Betroffenen und ihre Angehörigen zu Hause. Wir empfehlen, zusätzlich zum Hausarzt noch einen Palliativmediziner einzubeziehen. Wichtig ist, dass er auch nachts und am Wochenende erreichbar ist, damit in möglichen Krisensituationen die Versorgung sichergestellt und eine Einweisung ins Krankenhaus vermieden werden kann. Erst wenn eine Versorgung zu Hause nicht mehr möglich ist, sollte eine Aufnahme in einem stationären Hospiz erfolgen.

Was in einer Patientenverfügung geregelt werden sollte

Wie Sie am besten vorgehen und was am Ende in Ihrer Patientenverfügung steht, hängt von Ihrer Ausgangslage ab. Setzen Sie die Patientenverfügung auf, weil Sie vorsorgen möchten? Oder leiden Sie bereits an einer Vorerkrankung? In diesem Fall führt der erste Weg zum Arzt.

Es gibt Menschen, die völlig gesund sind, aber dennoch das Bedürfnis haben, für eventuell eintretende Notfälle vorzusorgen. Das Spektrum der möglichen Situationen ist breit, und es ist kaum möglich, für jeden Einzelfall genaue Wünsche zu formulieren. Umso wichtiger ist in diesem Fall **eine allgemeine Beschreibung der persönlichen Vorstellungen.** Daraus können Ärztinnen und Ärzte für einzelne konkrete Situationen den Patientenwillen ableiten.

Andere Menschen sind bereits von einer schweren Krankheit wie Krebs betroffen und müssen sich damit auseinandersetzen. In diesen Fällen können Ärzte meist recht klare Aussagen zu möglichen Behandlungen, deren Nebenwirkungen und Grenzen machen. Dann ist eine **konkrete Patientenverfügung** möglich. Versuchen Sie genau zu beschreiben, für welche Situationen die Verfügung gelten soll. Geben Sie Ihre Therapiewünsche mit Umfang und Dauer der einzelnen Maßnahmen an, und sagen Sie, was nicht erfolgen soll. Ihr behandelnder Arzt kann Ihnen dabei helfen.

Wer schon eine eher allgemein gehaltene Verfügung verfasst hat und später mit einer konkreten medizinischen Diagnose konfrontiert ist, sollte seine Verfügung entsprechend ergänzen.

Ihre Patientenverfügung sollte außerdem immer zwei unterschiedliche Bereiche abdecken: Zum einen den Fall, dass Sie pflegebedürftig und langfristig auf medizinische Hilfe angewiesen sind, zum anderen den Sterbeprozess selbst. Vor allem für den Fall der längerfristigen Behandlung und Pflege ist die Verfügung wichtig, denn hier nehmen Sie Einfluss auf die Qualität Ihres weiteren Lebens über viele Jahre.

Schließlich können Sie in der Verfügung festlegen, ob Sie einer Organspende zustimmen **(→ Seite 23),** und zusätzlich Wünsche für die letzten Lebensstunden und die Bestattung äußern.

→ **WICHTIG** In Deutschland ist aktive Sterbehilfe verboten. Deshalb sollten Sie in Ihrer Verfügung keine entsprechenden Wünsche aufnehmen.

So nähern Sie sich dem Thema

Die Patientenverfügung dient dazu, Ihr Selbstbestimmungsrecht als Patient umzusetzen. Versuchen Sie, möglichst genau zu beschreiben, für welche Situationen die Patientenverfügung gelten soll. Das hilft Ärzten, dem Bevollmächtigten oder dem Betreuer, eine Entscheidung zu treffen. In den

Textbausteinen ab **Seite 11** sind Behandlungssituationen beschrieben, für die Sie eine Regelung treffen sollten. Je konkreter Sie Ihre Wünsche schildern, desto sicherer können Sie sein, dass Ihr so geäußerter Wille auch befolgt wird.

Daneben sollten Sie noch ergänzende Angaben zu Ihren Werten, Wünschen und Vorstellungen machen. Diese Schilderungen helfen dem Arzt in Situationen, die nicht zu den in der Patientenverfügung beschriebenen passen. Er hat so einen Anhaltspunkt, um Ihren Willen zu ermitteln. Anregungen finden Sie auf **Seite 3 ff.**

Vorstellungen, Wünsche, Werte – das sind abstrakte Begriffe, die sich erst im Laufe der Zeit ganz individuell für den einzelnen Menschen mit Inhalt füllen. Sie beziehen sich auf viele Lebensbereiche, zum Beispiel Wohnen, Essen, das Verhältnis zu anderen Menschen, die Verwendung von Geld, die eigene Haltung zum Fortschritt in der Medizin und zum Tod.

Welche Erfahrungen haben Sie mit schwerwiegenden Krankheiten gemacht? Kennen Sie Menschen, die lebensbedrohlich erkrankt waren? Haben Sie schon einmal das Sterben und den Tod eines nahestehenden Menschen miterlebt? Welche guten und schlechten Erinnerungen haben Sie daran? Gibt es in Ihrem persönlichen Umfeld Menschen, die geistig verwirrt oder behindert sind? Wo wären für Sie die Grenzen der Belastbarkeit, sowohl für den Betroffenen selbst als auch für seine Angehörigen und Pflegepersonen? Gibt es in Ihrem Leben Grundsätze, die Ihnen besonders wichtig sind? Sind Sie religiös? Welche Folgen hat Ihr Glaube für Ihr Leben (zum Beispiel besonderes Essen), für Behandlungen (etwa den Verzicht auf Bluttransfusionen oder die Ablehnung von Organspenden) und ihr Sterben (zum Beispiel der Verzicht auf lebenserhaltende Maßnahmen und der Wunsch nach kirchlichem Beistand)?

Was heißt für Sie »menschenwürdig leben«? Was heißt für Sie »menschenwürdig sterben«?
Damit Ihre Wünsche wirklich umgesetzt werden, sollten Sie Ihre Patientenverfügung so aufsetzen, dass andere Menschen Ihre Vorstellungen nachvollziehen können. Beschreiben Sie Ihre Anschauungen vom Leben und Sterben so konkret und anschaulich wie möglich. Weil das nicht einfach ist, finden Sie in diesem Ratgeber Fragen zu einzelnen Lebensbereichen, die helfen, sich mit den Themen Krankheit und Tod auseinanderzusetzen. Welche weiteren Situationen wären in Ihrem Leben denkbar? Scheuen Sie sich nicht, solche Aspekte zu ergänzen.

→ **TIPP** Setzen Sie sich mit Ihrem Verständnis von Leben und Sterben bewusst auseinander! Bevor Sie bei diesem Satz entmutigt das Buch zuschlagen, sollten Sie sich zwei Stunden für die Fragen auf den **Seiten 3 bis 8** nehmen. Schreiben Sie auf, was Ihnen im Moment durch den Kopf geht und schauen Sie, wie weit Sie kommen. Sie müssen nicht alle Fragen auf einmal beantworten. Und jede Aussage lässt sich nachträglich wieder ändern. Sie werden sehen: Wenn Sie erst einmal angefangen haben, finden Sie auf viele Fragen intuitiv eine Antwort.

Vielleicht mögen Sie diese oder ähnliche Überlegungen mit Familienmitgliedern und Freunden diskutieren. Außerdem ist es gut, mit einer Ärztin oder einem Arzt Ihres Vertrauens über medizinische Behandlungsmöglichkeiten und Krankheitsfolgen zu sprechen. Solche Gespräche helfen, sich über Werte, Wünsche und Vorstellungen klar zu werden. Außerdem ergibt sich so die Gelegenheit, Vertrauenspersonen die eigenen Ansichten darzulegen, die diese später auch gegenüber den behandelnden Ärzten vertreten können, sowie Wünsche und Möglichkeiten miteinander abzugleichen.

„Sind Sie bereit in Kauf zu nehmen, früher zu sterben?"

PROF. DR. ULRICH SCHWANTES ist Facharzt für Allgemeinmedizin. Er beschäftigt sich seit rund 20 Jahren mit Patientenverfügungen und hat schon viele Menschen beim Sterben begleitet. Seine Praxis liegt in Oberkrämer in Brandenburg.

Herr Schwantes: Manche Formulierungen in der Patientenverfügung sind schwer verständlich. Was ist gemeint, wenn ich schreibe, dass die Patientenverfügung nur gelten soll, „wenn ich mich am Ende des Lebens und unabwendbar im Sterbeprozess befinde"?
ULRICH SCHWANTES: „Unabwendbar im Sterbeprozess" heißt, es ist ein Stadium erreicht, in dem man annehmen muss, dass der Patient innerhalb der kommenden Stunden und Tage stirbt. Mit intensivmedizinischen Maßnahmen kann dieser Zustand möglicherweise etwas länger erhalten werden. Eine Verbesserung ist äußerst unwahrscheinlich.

Und was heißt: „Die Patientenverfügung soll auch gelten, wenn ich mich im Endstadium einer tödlich verlaufenden und unheilbaren Krankheit befinde, auch wenn der Sterbeprozess noch nicht unmittelbar begonnen hat"?
ULRICH SCHWANTES: In diesem Fall gehen die Ärzte davon aus, dass die Krankheit nicht heilbar ist und der Patient in absehbarer Zeit, wahrscheinlich in wenigen Monaten, stirbt. Durch Therapie einer akuten Komplikation ließe sich diese vielleicht beherrschen, die Zeitspanne aber kaum verlängern. Stellen Sie sich vor, Sie haben eine tödliche Krebserkrankung. Lebenserwartung: ein paar Monate. Es kommt zu einer schweren Lungenentzündung. Soll sie behandelt werden, damit Sie in den nächsten Monaten Ihren Lebensverfall mitbekommen? Oder wollen Sie auf die Behandlung verzichten und nehmen in Kauf, dadurch früher zu sterben?

Außerdem kann ich angeben, dass die Verfügung gelten soll „wenn ich infolge eines fortgeschrittenen Abbauprozesses im Gehirn nicht mehr in der Lage bin, auf natürlichem Wege Nahrung und Flüssigkeit zu mir zu nehmen, obwohl ich von Pflegekräften umfangreich dabei unterstützt werde." Was ist damit gemeint?
ULRICH SCHWANTES: Gemeint ist, dass ein Demenzkranker nicht mehr weiß, dass er den Mund öffnen muss, wenn ihm Essen angereicht wird. Oder, dass er alles im Mund behält, weil er vergessen hat, dass er schlucken muss. Das passiert sehr spät im Krankheitsverlauf: Auch wenn jemand überhaupt nicht mehr versteht, was um ihn herum passiert, funktioniert das Essen in aller Regel noch. Wenn auch das nicht mehr klappt, kann man eine Sonde legen und den Patienten künstlich ernähren, monate- und jahrelang. In der Verfügung können Sie festlegen, dass Sie das nicht möchten.

Nehmen Sie sich Zeit, die Fragen schriftlich zu beantworten. Dann haben Sie bereits das Gerüst, um eine Patientenverfügung, eine Vorsorgevollmacht oder eine Betreuungsverfügung zu verfassen. Wenn Sie Ihre Verfügungen nach einiger Zeit überprüfen, beantworten Sie die Fragen am besten noch einmal, ohne sich die früheren Ausführungen vorher anzusehen. So finden Sie leicht heraus, an welchen Punkten sich Ihre Einstellungen verändert haben, und Sie können die Verfügung entsprechend ändern.

Vordrucke und Muster

Einige Verbände und Vereine bieten Formulare für Patientenverfügungen an. Sie können dort ganz bequem Behandlungswünsche ankreuzen. Aus juristischer Sicht ist ein solches Vorgehen kritisch, da standardisierte Formulare und Musterverfügungen kaum Spielraum lassen, um persönliche Wünsche und die individuelle Situation zu beschreiben. **Es besteht also die Gefahr, dass die Patientenverfügung im Ernstfall nicht anerkannt wird.** Daher sollten Sie Ihre Verfügung mit eigenen Worten aufsetzen. Auf den **Seiten 11 bis 15** finden Sie entsprechende Formulierungshilfen.

Die formalen Anforderungen an eine Patientenverfügung

Die Patientenverfügung muss schriftlich erstellt und mit der üblichen Unterschrift unterschrieben werden. Gut ist, wenn Sie Ort und Datum ergänzen. Dabei ist es unerheblich, ob die Verfügung handschriftlich, mit der Schreibmaschine oder am Computer verfasst wird.

Es kommt auch nicht darauf an, besonders „schön" zu formulieren. Wichtig ist nur, dass die Verfügung lesbar ist und Dritte verstehen können, was Sie mit ihr aussagen wollen. In einem aktuellen Urteil hat der Bundesgerichtshof ausgeführt, dass der Satz „Ich wünsche keine lebenserhaltenden Maßnahmen" nicht ausreicht. Damit der Patientenwille bestimmt werden kann, müssen zumindest Entscheidungen zu den Themen „Wiederbelebungsmaßnahmen", „künstliche Ernährung" und „künstliche Beatmung" konkret mit „Ja" oder „Nein" getroffen werden.

Für die Anerkennung ist es von großer Bedeutung, dass Sie beim Zeitpunkt des Verfassens wussten, was Sie tun. Das kann im Ernstfall von Ärzten oder Angehörigen angezweifelt werden. Um solche Probleme zu vermeiden, können Sie sich von einer Person Ihres Vertrauens, zum Beispiel Freunden oder dem Hausarzt/der Hausärztin, bestätigen lassen, dass Sie zum Zeitpunkt der Unterschrift **„im Vollbesitz Ihrer geistigen Kräfte"** waren. Falls Sie vor Abfassen der Patientenverfügung von einem Mediziner, Juristen, Psychologen, Pfleger, Seelsorger oder Mitarbeiter eines Hospizdienstes beraten

»Kann jeder Mensch eine Patientenverfügung aufsetzen?«

Grundsätzlich ja, wenn er volljährig ist. Wichtig ist, dass der Verfasser in der Lage ist zu begreifen, was er festlegt. Man muss nicht geschäftsfähig sein. Auch wer einen Betreuer hat, kann trotzdem eine Patientenverfügung erstellen, wenn er den Sinn versteht.

wurden, sollten Sie sich das bescheinigen lassen. Das zeigt, dass Sie Ihre Entscheidungen gut beraten getroffen haben. Im Zweifel wird ein Gericht darüber entscheiden müssen, ob Sie einwilligungsfähig waren oder nicht. Mit der Unterschrift geben Sie ihm aber einen wichtigen Anhaltspunkt dafür.

Eine notarielle Beurkundung ist nicht notwendig, kann in manchen Fällen aber hilfreich sein, da der Notar dies nur dann ablehnen darf, wenn er an Ihrer Einwilligungsfähigkeit zweifelt.

Eine Patientenverfügung verjährt nicht. Trotzdem sollten Sie die Verfügung regelmäßig, zum Beispiel im Abstand von ein bis zwei Jahren oder vor größeren medizinischen Eingriffen, überprüfen und gegebenenfalls für die anstehende Behandlung konkretisieren. Je aktueller die Verfügung ist, desto eher wird der Arzt oder eventuell ein Betreuer davon ausgehen, dass Sie auch in der aktuellen Situation zu den Festlegungen in der Patientenverfügung stehen. Soll alles so bleiben wie bisher, bestätigen Sie einfach mit Ihrer Unterschrift und dem aktuellen Datum, dass die Verfügung weiterhin gilt. Falls Sie die Verfügung ändern, sollten Sie die vorherige Version widerrufen. Dafür reicht ein Vermerk auf der neuen Verfügung, dass diese die alte Fassung ersetzt. Die frühere Version können Sie dann wegwerfen. Es ist gut, wenn wiederum ein Zeuge die neue oder bestätige Version unterschreibt.

Sie können Ihre Patientenverfügung jederzeit widerrufen. Und selbst wenn eine schriftliche Patientenverfügung vorliegt, können Sie, solange Sie noch einwilligungsfähig sind, dem Arzt in einer konkreten Situation auf beliebige Weise mitteilen, ob Sie einer Behandlung zustimmen oder nicht. Ein Kopfschütteln reicht.

→ **GUT ZU WISSEN** Einwilligungsfähig ist, wer erkennen kann, welche Folgen eine Zustimmung oder Ablehnung zu einer vorgeschlagenen Behandlung haben wird. In einem Zustand der Verwirrung mag man Angst vor einer Spritze haben und sie deshalb ablehnen, aber vielleicht nicht erkennen, dass die Verweigerung zu einer Verschlechterung der Gesundheit führt.

Aufbewahrung und Hinterlegung

Die Verfügung sollte so aufbewahrt werden, dass sie bei Bedarf leicht gefunden wird, zum Beispiel bei den persönlichen Unterlagen. Teilen Sie Angehörigen und Ihren Ärzten mit, dass Sie eine Verfügung verfasst haben.

Außerdem ist es gut, wenn Sie eine **Informationskarte** mit sich führen, die auf die Verfügung und den Aufbewahrungsort hinweist. Diese Karte stecken Sie am besten zum Personalausweis oder anderen persönlichen Papieren im Portemonnaie.

Steht im Ernstfall eine Entscheidung an, muss die Patientenverfügung im **Original** vorgelegt werden. Für Ihre eigenen Unterlagen und für weitere Vertrauenspersonen benötigen Sie Kopien. Falls Sie Ihre Patientenverfügung ändern, sollten Sie sich die alte Version von Ihren Vertrauenspersonen zurückgeben lassen und ihnen eine neue Fassung aushändigen. Es gibt Organisationen und gewerbsmäßige Anbieter, die die Patientenverfügung gegen eine Gebühr an einer zentralen Stelle hinterlegen. Manche bieten an, jährlich daran zu erinnern, die Verfügung neu zu unterschreiben oder zu aktualisieren. Ob Ihnen die Erinnerung die Gebühr wert ist oder ob Sie selbst an eine regelmäßige Überprüfung denken, müssen Sie für sich entscheiden. Die Aufbewahrung in einem zentralen Archiv bietet den Vorteil, dass die Verfügung sicher untergebracht ist. Allerdings sollten Sie sich vergewissern, dass das Original bei Bedarf auch am Wochenende oder an Feiertagen innerhalb von 24 Stunden dem behandelnden Arzt oder einem Bevollmächtigten vorgelegt werden kann. Fragen Sie nach, wie das Verfahren genau geregelt ist. Und Sie sollten im Blick behalten, ob ein solches Angebot für Jahre und Jahrzehnte aufrechterhalten werden kann.

→ **TIPP:** Steht ein größerer medizinischer Eingriff an, sollten Sie Ihre Patientenverfügung vorher noch einmal überprüfen und eventuell anpassen. Weisen Sie den behandelnden Arzt darauf hin, dass Sie eine Patientenverfügung haben. Sie können Ihm auch eine Kopie der Verfügung geben, mit der Bitte, diese bei Ihren Krankenunterlagen aufzubewahren.

Die Hinterlegung einer Patientenverfügung beim Gericht wäre sicherer, ist aber leider einzeln nicht möglich. In einigen Bundesländern können Sie jedoch eine Betreuungsverfügung hinterlegen und diese mit einer Patientenverfügung kombinieren. Außerdem können Sie Ihre Verfügung gegen eine Gebühr bei einem Notar hinterlegen. Doch auch hier gilt: Im Ernstfall sollte innerhalb von 24 Stunden auf die Verfügung zugegriffen werden können.

Fragen und Formulierungshilfen für die Patientenverfügung (→ Seiten 1 ff.):

Im hinteren Teil des Buches stehen **allgemeine Fragen,** die Ihnen helfen, Ihre persönlichen Vorstellungen zu medizinischen Behandlungen und zum Sterben aufzuschreiben (→ **Seiten 3 bis 8**). Im Anschluss (→ **Seiten 11 bis 15**) finden Sie **Formulierungshilfen für die Patientenverfügung.**

Der Organspendeausweis

Mit dem eigenen Tod anderen Menschen das Leben oder die Linderung schlimmer Krankheiten schenken – das ist eine Idee, die viele Menschen über eine Organspende nachdenken lässt. Mit einem Ausweis können Sie ihre Bereitschaft kundtun.

Mittlerweile sind es nicht mehr nur Nieren, Herz, Leber und Lunge, sondern auch Bauchspeicheldrüse, Darm, Teile der Haut oder die Hornhaut der Augen, Gehörknöchelchen, Sehnen und Knochengewebe, die von einem Menschen zum anderen übertragen werden können.

Viele Menschen könnten sich eine Organspende nach ihrem Tode vorstellen. Tatsächlich kommt es bei uns aber viel seltener als in anderen europäischen Ländern zu einer Spende. Das liegt unter anderem an unterschiedlichen gesetzlichen Voraussetzungen. So können etwa in Österreich oder Spanien jedem Verstorbenen Organe entnommen werden, es sei denn, es liegt eine ausdrückliche Verbotserklärung vor. In Deutschland ist die **Organentnahme** nach dem Tod nur dann erlaubt, wenn der Verstorbene dem **zu Lebzeiten ausdrücklich zugestimmt** hat oder die Angehörigen damit einverstanden sind.

Wer sich also dazu entschließt, Organe zu spenden, muss dies ausdrücklich kundtun. Das geschieht meist über einen sogenannten Organspendeausweis. Dabei handelt es sich um eine schriftliche Erklärung, ob und in welchem Umfang Organe entnommen werden dürfen. Man kann zum Beispiel festlegen, dass nur bestimmte Organe transplantiert werden dürfen.

»Muss ich einen Organspendeausweis haben?«

Nein, aber auch, wer keine Organe spenden möchte, sollte darüber nachdenken, eine entsprechende Erklärung mit sich zu führen. Sie ist zum einen das klare Signal an die Ärzte, dass eine Zustimmung durch Angehörige nicht in Betracht kommt, zum anderen ist wegen der anderen Voraussetzungen in manchen Ländern ohne eine solche Erklärung die Organentnahme die Regel. Dies gilt auch für verstorbene deutsche Staatsangehörige.

→ **TIPP:** Bewahren Sie den Organspendeausweis so auf, dass er im Notfall gefunden werden kann. Viele Menschen tragen ihn zum Beispiel im Portemonnaie mit sich.

Auch wenn sich die Bezeichnung »Ausweis« sehr offiziell anhört, ist keine besondere Form für diese Erklärung vorgeschrieben. Die Bundeszentrale für gesundheitliche Aufklärung (BZgA) bietet Vordrucke an und berät kostenlos zur Organspende (Telefon: 0800/90 40 400).

Jeder Mensch kann seine Bereitschaft zur Organspende erklären. Eine ärztliche Untersuchung ist dazu ebenso wenig erforderlich wie körperliche Gesundheit. Basis für die Regelungen ist das Transplantationsgesetz. Dort ist geregelt, wann die Organe entnommen werden dürfen, wie also der Tod des Spenders festzustellen ist.

Krankenkassen und private Versicherungsunternehmen sind verpflichtet, ihren Versicherten regelmäßig Informationsmaterial zuzusenden und sie um eine Entscheidung zur Organspende zu bitten. Niemand muss dieser Bitte nachkommen, die Entscheidung ist freiwillig. Es gibt auch keine Rückmeldepflicht oder Listen mit Organspendern. Auf der neuen elektronischen Gesundheitskarte wird die Entscheidung nicht registriert. Sie können alle Festlegungen jederzeit abändern: einfach den Organspendeausweis vernichten und einen neuen aufsetzen.

Vorsorgevollmacht

Ein Unfall, eine schwere Krankheit oder auch eine fortschreitende Demenzerkrankung können dazu führen, dass Erwachsene ihre Angelegenheiten nicht mehr selbst regeln können. Viele Menschen glauben, dass dann automatisch Ehepartner, Eltern oder Kinder an ihrer Stelle entscheiden oder etwas unterschreiben dürfen. Das ist nicht der Fall. Dritte, auch Familienangehörige, benötigen eine Vollmacht, damit sie zum Handeln befugt sind. Sonst muss eine gesetzliche Betreuung durch das Gericht angeordnet werden.

→

In sechs Schritten
zur Vorsorgevollmacht

So gehen Sie am besten vor, wenn Sie eine Vorsorgevollmacht erstellen:

1 Ich überlege, ob es in meinem persönlichen Umfeld eine Person gibt, der ich so umfassend vertraue, dass ich ihr ab sofort die Befugnis gebe, Entscheidungen für mich zu treffen und Schriftstücke zu unterschreiben. Finde ich niemanden, der geeignet ist, verzichte ich (erstmal) auf eine Vorsorgevollmacht und erstelle eine ausführliche Betreuungsverfügung (→ **Seite 43 ff.**).

2 Ich überlege, welche Dinge mir bei Entscheidungen im Leben besonders wichtig sind. Gespräche im Familien- und Freundeskreis über das Thema Vorsorgevollmacht können mir dabei helfen.

3 Ich frage die Person meines Vertrauens, ob sie diese Aufgabe übernehmen kann und will.

4 Ich setze eine sofort gültige Vorsorgevollmacht auf und unterschreibe sie mit Datum.

5 Details zur Umsetzung meiner Wünsche fasse ich in einer gesonderten Vereinbarung zwischen dem Bevollmächtigten und mir zusammen, die wir beide unterschreiben.

6 Ich gebe meinem Bevollmächtigten mehrere unterschriebene Originale der Vorsorgevollmacht und lasse die Vollmacht registrieren.

Das ist wichtig zu wissen

In der Vorsorgevollmacht können Sie eine oder mehrere Vertrauenspersonen bevollmächtigen, in Ihrem Sinne Entscheidungen zu treffen und zum Beispiel Verträge zu unterschreiben.

Die Vollmacht kann sich sowohl auf medizinische Behandlungen als auch auf andere wichtige Geschäfts- und Lebensbereiche wie Bankgeschäfte oder die Bestimmung des Wohnortes beziehen. Die Vorsorgevollmacht legt also schon im Voraus fest, welche Dinge im Fall der Fälle von WEM WIE zu regeln sind. Durch eine Bevollmächtigung für Gesundheitsfragen lässt sich auch sicherstellen, dass die Patientenrechte des Vollmachtgebers durchgesetzt werden.

→ **TIPP** Fachkundige Beratung zum Thema Vorsorgevollmacht erhalten Sie bei den örtlichen Betreuungsvereinen und einigen Verbraucherzentralen.

Vollmacht oder Vorsorgevollmacht – Wo liegt der Unterschied?

Der Unterschied zwischen einer normalen Vollmacht und einer Vorsorgevollmacht besteht lediglich darin, dass die Vorsorgevollmacht nicht sofort nach der Unterschrift verwendet werden soll, sondern erst, wenn Umstände eingetreten sind, in denen der Vollmachtgeber nicht selbst entscheiden kann. Wir empfehlen, eine Vorsorgevollmacht auszustellen, die nach außen, gegenüber Dritten, sofort gültig ist. Zeitpunkt oder Umstände, ab wann die Vollmacht verwendet werden darf, sollten lediglich im sogenannten Innenverhältnis zwischen dem Vollmachtgeber und dem Bevollmächtigten festgelegt sein. Das heißt, die Vorsorgevollmacht besteht im besten Fall aus zwei Schriftstücken.

Mit der nach außen – am besten ab sofort gültigen – (Vorsorge-)Vollmacht erhält der Bevollmächtigte die Befugnis, den Vollmachtgeber in den in der Vollmacht benannten Aufgabenbereichen zu vertreten. Details zur Umsetzung und Einschränkungen zum Einsatz der Vollmacht erschweren die praktische Umsetzung und sollten deshalb im nach außen wirksamen Schriftstück vermieden werden.

In einem separaten Schriftstück, quasi einem Vertrag zwischen dem Vollmachtgeber und dem Bevollmächtigten, lässt sich im sogenannten **Innenverhältnis** festlegen, unter welchen Bedingungen der Bevollmächtigte tätig werden darf (**→ Seite 36 ff.**). Außerdem kann dieser Vertrag detaillierte Anweisungen dazu enthalten, was wie zu erledigen ist.

→ **TIPP** Besprechen Sie mit Ihrem Bevollmächtigten welche Wünsche, Werte und Vorstellungen Sie haben und was Ihnen besonders wichtig ist. Im Gespräch lässt sich vieles einfacher erklären als in Schriftstücken. So ist es für den Bevollmächtigten leichter, Dinge in Ihrem Sinne umzusetzen. Außerdem erfahren Sie so, ob der Bevollmächtigte ähnliche Einstellungen hat wie Sie.

WISO   Verbraucherzentrale

»Muss ich für die Vorsorgevollmacht immer zwei Dokumente aufsetzen?«

Nein, das ist nicht unbedingt nötig. Viele Notare entwerfen nur die nach außen gültige Vollmacht. Mit dieser kann der Bevollmächtigte auch arbeiten. Wer keine Vereinbarung im Innenverhältnis trifft, verzichtet jedoch auf die Gelegenheit, dem Bevollmächtigten genauere Handlungsanweisungen zu geben.

Die Auswahl des Bevollmächtigten

Ein Bevollmächtigter hat weitreichende Rechte. Wer eine Vollmacht erteilen will, sollte sich deshalb darüber klar werden, welche Person er für den Fall der Fälle mit seinen ganz privaten und persönlichen Dingen betrauen möchte. Das kann ein naher Angehöriger sein, aber auch eine Freundin oder eine andere Person (zum Beispiel ein Pfarrer, ein Anwalt oder eine Ärztin). Klären Sie im Vorfeld mit dem Bevollmächtigten, ob dieser bereit und in der Lage ist, die Verantwortung zu übernehmen und später entsprechend der Vollmacht zu handeln. Wichtige Punkte für die Ausübung der Vollmacht sollten in der Vereinbarung im Innenverhältnis schriftlich festgehalten sein.

Der oder die Bevollmächtigte muss selbst volljährig und wenigstens beschränkt, besser jedoch voll geschäftsfähig sein. Nur so kann er alle ihm übertragenen Aufgaben wirksam umsetzen.

Es ist auch möglich, mehrere Personen zu bevollmächtigen die einzeln oder gemeinschaftlich handeln können. Je nach Art der Formulierung müssen sie alle Entscheidungen gemeinsam treffen und sich dafür abstimmen, oder jeder Bevollmächtige kann alleine entscheiden. Im ersten Fall sollte ausgeschlossen sein, dass die Bevollmächtigten wechselseitig ihre jeweiligen Vollmachten widerrufen können. Im zweiten Fall ist es sinnvoll, den Bevollmächtigten je nach ihrer Fachlichkeit verschiedene Aufgabenbereiche zuzuweisen und zum Beispiel Finanz- und Versicherungsangelegenheiten jemandem zu übertragen, der hier besondere Kenntnisse besitzt. Übrigens: Auch die Details zu den Aufgabenbereichen der Bevollmächtigten legen Sie besser in der Vereinbarung im Innenverhältnis fest. Sofern sich nicht eindeutig Aufgaben zuweisen lassen, sollten alle Bevollmächtigten eine umfassende, nach außen gültige Vollmacht erhalten.

Zudem sollten Sie für den Fall vorsorgen, dass sich die Bevollmächtigten nicht über eine Entscheidung einigen können. So lässt sich zum Beispiel bestimmen, dass die Bevollmächtigten sich im Streitfall gerichtlich beraten lassen müssen und der Bevollmächtigte, dessen Meinung vom Gericht gebilligt wird, als Betreuer eingesetzt wird. Auch dies wird am besten in der Vereinbarung im Innenverhältnis geregelt.

Der Bevollmächtigte sollte das Recht erhalten, **Untervollmachten** zu erteilen. So kann er einzelne Aufgaben, denen er aus fachlichen oder zeitlichen Gründen nicht nachkommen kann, an Dritte abgeben. Für Fehler der Personen, die Untervollmachten erhalten haben, haftet er. Falls der Bevollmächtigte länger ausfällt, lässt sich eine Ersatzperson bestimmen, die dann beispielsweise als gesetzlicher Betreuer tätig werden soll.

„Man sollte sich sehr gut überlegen, wen man als Bevollmächtigten einsetzt."

AXEL BAUER ist Betreuungsrichter am Amtsgericht Frankfurt/Main. Immer, wenn es Probleme mit einer Vorsorgevollmacht gibt, bekommt er sie auf den Tisch.

Was kennzeichnet einen guten Bevollmächtigten?
AXEL BAUER: Absolute Verlässlichkeit. Wenn ich nicht vollstes Vertrauen habe, sollte ich besser keine Vorsorgevollmacht ausstellen. Außerdem ist es wichtig, dass der Bevollmächtigte meine Wünsche kennt und bereit ist, sie zu respektieren – auch, wenn sie seinen eigenen Vorstellungen widersprechen.

Sind also der Partner und die Kinder ideale Bevollmächtigte?
AXEL BAUER: Nicht automatisch. Der Mensch an der Seite wird ja auch älter und vielleicht krank. Oft sind die Ehepartner völlig überfordert, wenn die Vorsorgevollmacht wirksam wird und sie handeln müssen. Sie haben sich zu etwas verpflichtet, dem sie nicht gewachsen sind. Und bei den Kindern weiß man nicht, ob sie irgendwann weit weg wohnen und gar nicht mehr mitbekommen, welche Wünsche ich als Vollmachtgeber habe. Oder sie sind beruflich so stark eingespannt, dass sie keine Zeit haben, sich zu kümmern. Wenn man die Möglichkeit hat, ist es gut, zwei Bevollmächtigte einzusetzen: Idealerweise den Sohn, der als Bankangestellter arbeitet, für die Vermögenssorge, die Tochter, eine Krankenschwester, für die Gesundheitssorge.

Was kann man tun, wenn man niemanden hat, der infrage kommt?
AXEL BAUER: Dann kann man in einer Betreuungsverfügung einen beruflich tätigen hauptamtlichen Vereinsbetreuer bestimmen, der vom Betreuungsgericht bei Bedarf zum Betreuer bestellt werden soll. Das ist besser als einen Familienangehörigen zu bevollmächtigen, dem ich nicht zu hundert Prozent vertraue, oder der voraussichtlich mit der Regelung meiner Angelegenheiten überfordert sein wird.

Die Kontrolle des Bevollmächtigten

Eine routinemäßige Überwachung des Bevollmächtigten gibt es nicht. Einzige Ausnahme sind Entscheidungen bei schwerwiegenden medizinischen Maßnahmen oder beim Freiheitsentzug (→ **Seite 31 f.**). Nur hier muss der Bevollmächtigte die Genehmigung des Vormundschaftsgerichts einholen. In allen anderen Fällen nicht. Deshalb sollten Sie ausschließlich Personen als Bevollmächtigte benennen, die Ihr volles Vertrauen genießen. **Entscheidungen und Rechtsgeschäfte**, die der Bevollmächtigte im Namen des Vollmachtgebers tätigt, sind gültig. Bei Fehlern oder Missbrauch ist der Bevollmächtigte gegenüber seinem Vollmachtgeber haftbar, und zwar auch bei einfacher Fahrlässigkeit, sofern nichts anderes festgelegt ist. Damit können nicht nur der Vollmachtgeber, sondern gegebenenfalls auch seine Erben Schadenersatzansprüche gegenüber dem Bevollmächtigten geltend machen.

> **✓ CHECKLISTE**
>
> **Die Wahl des Bevollmächtigten**
> - Habe ich uneingeschränktes Vertrauen zu der Person, sodass ich sie jetzt sofort in meinem Namen Entscheidungen treffen lassen würde?
> - Hat die Person ausreichend Zeit, sich um meine Angelegenheiten zu kümmern, und kann sie mich regelmäßig besuchen?
> - Ist die Person gesundheitlich und geistig fit, und wird dieser Zustand mit hoher Wahrscheinlichkeit auch dann anhalten, wenn ich eine Vertretungsperson benötige?
> - Ist die Person fachlich geeignet, meine Angelegenheiten weiterzuführen?
> - Sind Erbschaftsstreitigkeiten absehbar, falls ich diese Person zum Bevollmächtigten wähle?
> - Fallen mir drei Gründe ein, warum diese Person die richtige ist?

→ **GUT ZU WISSEN** Der Bevollmächtigte muss gegenüber dem Vollmachtgeber und den Erben Auskunft und Rechenschaft über sein Handeln als Bevollmächtigter ablegen. Um Schadenersatzansprüchen vorzubeugen, sollten Bevollmächtigte über ihre wesentlichen Entscheidungen und finanziellen Transaktionen Buch führen und alle wichtigen Unterlagen aufbewahren.

Sollte der Verdacht bestehen, dass der Bevollmächtigte seine Vollmacht missbraucht, kann das Amtsgericht einen Kontrollbetreuer einsetzen. Bevor dies geschieht, müssen dem Gericht stichhaltige Hinweise auf einen Missbrauch vorliegen, und das Betreuungsverfahren muss durchlaufen werden.

Entscheidungshilfe: Wie finde ich den richtigen Bevollmächtigten?

Das zentrale Auswahlkriterium für einen Bevollmächtigten ist das unbeschränkte Vertrauen darin, dass er seine Vollmacht nicht missbraucht, Entscheidungen im Sinne des Vollmachtgebers trifft und sich nicht von persönlichen Ansichten leiten lässt. Darüber hinaus sollte der Bevollmächtigte in der Lage sein, die Aufgaben zu erfüllen. Eine räumliche Nähe zum Vollmachtgeber ist dafür von Vorteil, und er muss ausreichend Zeit für zusätzliche Aufgaben haben. Häufig werden Ehepartner und Familienangehörige bevollmächtigt. Dies ist aber nicht immer die beste Wahl, da sie eventuell mit der Aufgabe überfordert sind, oder es zwischen Geschwistern zum Streit über die Umsetzung der Vollmacht kommen kann. Besprechen Sie mit der Person Ihrer Wahl, ob sie sich die Aufgaben als Bevollmächtigter vorstellen kann. Zu einem guten Vertrauensverhältnis sollte auch gehören, dass der Wunschkandidat nicht dazu gedrängt wird, Bevollmächtigter zu werden.

Das muss in einer Vorsorgevollmacht stehen

Wie bereits beschrieben, sollte eine Vorsorgevollmacht nach außen möglichst umfänglich und uneingeschränkt gelten. Daher wird am besten eine allgemeine Vollmacht zur Vertretung in allen finanziellen, rechtlichen und persönlichen Angelegenheiten (Generalvollmacht) erteilt. Wer Wert darauf legt, kann einzelne wichtige Bereiche als Beispiele nennen, etwa Entscheidungen zum Mietverhältnis, zur Immobilienverwaltung oder zu einer Haushaltsauflösung.

→ **GUT ZU WISSEN** Je allgemeiner die Vollmacht gehalten ist, desto besser. Werden viele Einzelaufgaben benannt, steigt das Risiko, dass alle ungenannten Aufgaben von der Vollmacht nicht erfasst sind.

Spezielle Anweisungen, beispielsweise zur Art und Weise, wie das Vermögen verwaltet oder eine Pflege organisiert werden soll, legen Sie besser in einer gesonderten Vereinbarung zwischen Vollmachtgeber und Bevollmächtigtem im Innenverhältnis fest (→ **Seite 36 ff.**).

Die Vollmacht soll in der Regel eine gesetzliche Betreuung überflüssig machen. Um sicher zu gehen, dass das passiert, kann sie eine entsprechende Formulierung enthalten. In der Vollmacht können Sie bereits festschreiben, wer im Falle einer Betreuung der gesetzliche Betreuer sein soll. Das kann neben dem Bevollmächtigten auch eine andere Person sein.

Einige Bereiche müssen ausdrücklich in der Vollmacht benannt sein, wenn der Bevollmächtigte hier tätig werden soll.

Vertretung in Gesundheitsangelegenheiten

Die Vollmacht kann auch Entscheidungen in Gesundheitsangelegenheiten umfassen. Soll der Bevollmächtigte über schwerwiegende medizinische Eingriffe und über den Abbruch lebensverlängernder Maßnahmen entscheiden dürfen, muss dies ausdrücklich in der Vollmacht stehen. Es ist hilfreich, wenn Sie bei der Formulierung Bezug auf § 1904 BGB und die darin genannten Maßnahmen nehmen.

Mit der gesetzlichen Regelung der Patientenverfügung wurde auch die Rolle des Bevollmächtigten klarer benannt. Liegt eine Patientenverfügung vor und sind sich Arzt und Bevollmächtigter darüber einig, dass die Patientenverfügung auf die konkrete Situation zutrifft und dem beschriebenen Willen entspricht, müssen beide entsprechend handeln. Es gilt der in der Patientenverfügung festgelegte Wille.

Hilfen zum Ausfüllen und Formulare für die Vorsorgevollmacht (→ Seite 17 ff.):

Im hinteren Teil des Buches (→ **Seiten 25 bis 30 und 37 bis 42**) stellen wir **Formulare für die allgemeine Vollmacht und die Vereinbarung im Innenverhältnis** bereit.

Was Sie beim **Ausfüllen** beachten müssen, erklären wir auf den **Seiten 19 bis 23 und 31 bis 35**.

»Reicht die Patientenverfügung nicht aus, um Regelungen für schwerwiegende Entscheidungen zu treffen?«

Die Patientenverfügung dient der direkten Kommunikation zwischen Patient und Arzt. Mit der Vollmacht schaffen Sie die Möglichkeit, dass eine dritte Person Ihre Rechte gegenüber Ärzten vertreten kann.

Liegt keine Patientenverfügung vor, oder ist unklar, ob die beschriebenen Sachverhalte auf die konkrete Situation zutreffen, muss der Bevollmächtigte den mutmaßlichen Willen des Patienten ermitteln. Hierbei kann die Patientenverfügung ebenfalls helfen. Wichtig ist darüber hinaus, dass der Bevollmächtigte die Wertvorstellungen des Vollmachtgebers kennt. Daraus kann er den vermutlichen Willen ableiten. Entscheidungen über lebensbedrohliche Behandlungen oder den Abbruch lebenserhaltender Maßnahmen kann der Bevollmächtigte in diesem Fall jedoch nicht alleine treffen. Er benötigt die Zustimmung des **Betreuungsgerichts.** Das Gericht prüft, ob die vom Bevollmächtigten vorgeschlagenen Maßnahmen tatsächlich dem Patientenwillen entsprechen. Dieses Verfahren sichert Bevollmächtigte in unklaren Situationen rechtlich ab.

Eine Genehmigung des Betreuungssgerichts ist nicht notwendig, wenn Ärzte solche lebensbedrohlichen Behandlungen oder lebenserhaltende Maßnahmen nicht mehr für sinnvoll und erfolgversprechend halten und daher gar nicht erst anbieten. Wie dies in der Praxis von Ärzten und Gerichten tatsächlich gehandhabt wird, ist individuell verschieden.

Damit der Bevollmächtigte in Gesundheitsangelegenheiten handeln kann, sollten Ärzte ihm gegenüber von Ihrer **Schweigepflicht** befreit werden. Außerdem sollte der Bevollmächtigte das Recht haben, Ärzte auch gegenüber anderen Personen von der Schweigepflicht zu entbinden.

Freiheitsentziehende und -beschränkende Maßnahmen

Selbst bei einer guten Betreuung kann es Situationen geben, in denen zum Beispiel aufgrund einer schweren Demenz Gefahr für den Betroffenen oder seine Umgebung besteht. Dann ist es im Einzelfall notwendig, ihn in seiner (Bewegungs-)Freiheit zu beschränken. Hierzu gehört nicht nur die Unterbringung in einer sogenannten geschlossenen Station. Vielen Menschen ist nicht bewusst, dass auch Maßnahmen wie die Gabe von stärkeren Beruhigungsmitteln, das Abschließen der Zimmertür oder das Anbringen eines Bettgitters dazu zählen. Die Freiheit wird ebenfalls eingeschränkt, wenn jemand mit einem Bauchgurt oder Stecktisch am Rollstuhl fixiert wird, damit er nicht unkontrolliert aufstehen kann.

Die Freiheit eines Menschen hat im deutschen Recht einen großen Stellenwert. Entsprechend hoch sind die Hürden, um diese Freiheit einzuschränken oder gar zu entziehen. Sofern der Betroffene nicht selbst zustimmt oder zustimmen kann, ist für freiheitsentziehende Maßnahmen in Einrichtungen, beispielsweise einem Altenheim, die Zustimmung des Amtsgerichts notwendig. Soll der Bevollmächtigte über freiheitsentziehende Maßnahmen entscheiden dürfen, muss das ausdrücklich in der Vorsorgevollmacht mit Bezug auf § 1906 des BGB festgehalten sein. Andernfalls richtet das Gericht eine gesetzliche Betreuung ein. Doch auch, wenn der Bevollmächtigte befugt ist, entsprechende Entscheidungen zu treffen, muss das Gericht sie noch genehmigen.

→ **GUT ZU WISSEN** Verbindlich geregelt ist die Zustimmung des Gerichts bei freiheitsbeschränkenden Maßnahmen in Einrichtungen. Doch auch im häuslichen Bereich ist sie notwendig, etwa wenn ein Pflegedienst damit beauftragt werden soll, einen Pflegebedürftigen im Rollstuhl zu fixieren.

In-Sich-Geschäfte

Wenn der Bevollmächtigte im Auftrag des Vollmachtgebers mit sich selbst Geschäfte tätigt oder Geld aus dem Einkommen oder Vermögen des Bevollmächtigten erhält, spricht man im Juristendeutsch von „In-Sich-Geschäften". In der Praxis kommt es recht häufig vor, dass Angehörige, die als Bevollmächtigte eingesetzt sind, beispielsweise Mietzahlungen des Vollmachtgebers erhalten. Auch größere Geschenke oder regelmäßige Zahlungen an minderjährige Kinder des Bevollmächtigten fallen unter diese Regelungen.

Solche Konstellationen bergen eine hohe Gefahr des Missbrauchs. Daher sind In-Sich-Geschäfte für Bevollmächtigte zunächst per Gesetz (§ 181 BGB) ausgeschlossen. Wenn der Vollmachtgeber sie jedoch wünscht, muss er in der Vollmacht ausdrücklich das Recht auf In-Sich-Geschäfte einräumen. Auch hier gilt, dass in der nach außen geltenden Vollmacht nur eine allgemeine Formulierung enthalten sein sollte.

→ **TIPP** Legen Sie in der Vereinbarung im Innenverhältnis genau fest, unter welchen Bedingungen und in welchem Umfang In-Sich-Geschäfte umgesetzt werden dürfen. Erfahrungsgemäß kommt es sonst vor allem im Erbfall schnell zu Streit.

Geltung der Vollmacht über den Tod hinaus

Eine Vollmacht gilt zunächst nur zu Lebzeiten des Vollmachtgebers. Verstirbt dieser, kann die Vollmacht nicht mehr eingesetzte werden – es sei denn, dies ist ausdrücklich in der Vollmacht festgelegt. Es ist sinnvoll, die Vollmacht über den Tod hinaus gelten zu lassen. Die Erben können erst tätig werden, wenn sie ein Testament oder einen Erbschein vorlegen. Bis dahin kann einige Zeit verstreichen, in der wichtige Dinge wie die Beerdigungsvorbereitungen zu erledigen sind.

→ **GUT ZU WISSEN** Wenn die Vollmacht über den Tod hinaus gilt, müssen die Erben sie später widerrufen. Wichtig ist, dass das alle Erben tun. Versäumen einige Erben den Widerruf, kann der Bevollmächtigte in ihrem Namen weiter tätig werden.

Die formalen Anforderungen an eine Vorsorgevollmacht

Wer eine gültige Vollmacht aufsetzen will, muss uneingeschränkt geschäftsfähig sein. Das heißt, er muss mindestens 18 Jahre alt und in der Lage sein, seine Entscheidung von vernünftigen Erwägungen abhängig zu machen.

Die Vorsorgevollmacht muss schriftlich, aber nicht unbedingt handschriftlich vorliegen. Wichtig ist vor allem, dass sie gut lesbar und verständlich ist. Der oder die Bevollmächtigte muss mit vollem Namen, Geburtsdatum und möglichst mit aktueller Adresse und Telefonnummer benannt werden. Der Vollmachtgeber muss die Vollmacht unter Angabe von Ort und Datum unterschreiben. Um zu zeigen, dass der Bevollmächtigte sich seiner Aufgabe bewusst ist, kann auch er sie unterschreiben.

Ist die Vollmacht bereits einige Jahre alt oder haben sich die Lebensumstände wesentlich verändert, sollten Sie die Inhalte überprüfen. Anders als bei der Patientenverfügung ist es jedoch nicht notwendig, die Vollmacht routinemäßig durch eine erneute Unterschrift zu bestätigen. Nur wenn Änderungsbedarf besteht, sollten Sie entsprechende Regelungen einfügen und erneut unterzeichnen. Falls Sie eine neue Vollmacht verfassen, ist es wichtig, im gleichen Schritt die alte zu widerrufen.

Beglaubigung und Beurkundung
Häufig ist zu hören, dass eine Vorsorgevollmacht vom Notar beglaubigt oder beurkundet werden muss. Dies ist jedoch nur in bestimmten Fällen zwingend notwendig. Meistens dient der Gang zum Notar lediglich dazu, die Ernsthaftigkeit der Absichten in der Vorsorgevollmacht zu unterstreichen und nachzuweisen, dass der Unterzeichner sich seiner Entscheidungen bewusst war. Die Unterschrift eines unbeteiligten Dritten, am besten einer Vertrauensperson wie der Hausärztin oder des Gemeindepfarrers, kann den gleichen Zweck erfüllen.

→ **GUT ZU WISSEN** Eine Beglaubigung bestätigt lediglich die Richtigkeit der Unterschrift. Bei einer notariellen Beurkundung muss der Notar sicherstellen, dass alle Beteiligten die Inhalte der Verfügung verstanden haben und der Vollmachtgeber geschäftsfähig ist.

Die Bestätigung der Geschäftsfähigkeit ist nicht zwingend notwendig, damit eine Vollmacht gilt. Wurde sie jedoch erst spät, in höherem Alter oder bei fortgeschrittener Krankheit verfasst, kommt es immer wieder vor, dass die Geschäftsfähigkeit des Vollmachtgebers angezweifelt wird. Das gilt insbesondere dann, wenn es um die Verwaltung größerer Geldsummen oder Vermögen geht, oder wenn der Bevollmächtigte eines von mehreren Familienmitgliedern ist. In solchen Fällen empfiehlt sich eine Bestätigung durch Dritte, um späteren Zweifeln oder Streitigkeiten vorzubeugen.

Wer seine Vollmacht von einer öffentlichen Stelle beglaubigen lassen möchte, kann sich an die örtliche Betreuungsbehörde wenden. Sofern per Landesrecht nichts anderes geregelt ist, wird dafür lediglich eine Gebühr von 10 Euro fällig.

Es gibt einige wenige Geschäfte, die der Bevollmächtigte nur tätigen kann, wenn die Vollmacht notariell beurkundet ist. Dazu gehören vor allem Grundstücks- und Immobiliengeschäfte. Fehlt die notarielle Beurkundung, wird das Gericht für solche Geschäfte bei Bedarf einen gesetzlichen Betreuer bestellen.

Vordrucke und Muster
Wer die Vollmacht nicht selbst formulieren möchte, kann vorgefertigte Mustervordrucke verwenden. Wir stellen Ihnen auf den **Seiten 25 ff.** Formulare zur Verfügung. Im Gegensatz zur Patientenverfügung wird bei der Vorsorgevollmacht auch eine Mustervorlage sicher anerkannt, sofern sie die gesetzlichen Bestimmungen erfüllt. Allerdings gilt auch hier, dass Mustervordrucke wenig Spielraum für individuelle Festlegungen lassen.

Um die Einrichtung einer Betreuung für bestimmte Maßnahmen der medizinischen Behandlung (§ 1904 BGB) und freiheitsentziehende Maßnahmen (§ 1906 BGB) zu vermeiden, müssen Sie diese Bereiche explizit in die Vollmacht aufnehmen. Die meisten Vordrucke und Muster enthalten hierfür die notwendigen Formulierungen, unsere auch. Daran können Sie sich orientieren, falls Sie die Vorsorgevollmacht in eigenen Worten verfassen möchten.

Eine sinnvolle Alternative zu reinen Ankreuzformularen sind Formulare, die Platz lassen, individuelle Wünsche zu integrieren.

Aufbewahrung und Hinterlegung

Der Bevollmächtigte muss die Originale der Vollmacht vorlegen, um sie nutzen zu können. Daher sollte er die Originalvollmacht erhalten, und zwar am besten gleich mehrere unterschriebene Exemplare. Die frühzeitige Übergabe der Originalvollmacht hat den Vorteil, dass sich der Bevollmächtigte in einer Akutsituation schnell gegenüber allen relevanten Stellen ausweisen und sofort dringend anstehende Entscheidungen treffen kann.

→ **TIPP** Notieren Sie sich, wer wie viele Exemplare der Vollmacht erhalten hat. Behalten Sie für sich selbst eine Kopie, um zwischenzeitlich nachlesen zu können, was genau in der Vollmacht steht.

Falls Sie befürchten, der Bevollmächtigte könnte die Vollmacht frühzeitig und gegen Ihren Willen einsetzen, haben Sie die Möglichkeit, das Dokument einer anderen vertrauenswürdigen Person, zum Beispiel einem Freund oder dem Notar, auszuhändigen. Diese Person wird angewiesen, unter welchen Bedingungen sie das Original an den Bevollmächtigten weitergeben darf. Allerdings sollten Sie bei derartigen Zweifeln darüber nachdenken, ob Sie den Bevollmächtigten richtig gewählt haben oder doch besser einen gerichtlich kontrollierten Betreuer bestimmen (→ **Seite 39, 43 ff.**).

Seit einigen Jahren besteht die Möglichkeit, Vollmachten in einem elektronischen Register der Bundesnotarkammer erfassen zu lassen. Allerdings werden weder das Original der Vollmacht aufbewahrt noch alle inhaltlichen Details erfasst. Es handelt sich vielmehr um eine Datenbank, in der festgehalten wird, wer wem eine Vorsorgevollmacht für welche Lebensbereiche erteilt hat. Auf dieses Register können die Vormundschaftsgerichte via Internet zugreifen und prüfen, ob bei einer anstehenden Entscheidung eine Vertretungsperson für den Betroffenen benannt ist und deshalb auf eine Betreuung verzichtet werden kann. Andere Personen oder Institutionen, etwa Anwälte, haben keinen Zugriff auf die Datenbank. Wer sichergehen möchte, dass seine Vollmacht bekannt ist, kann eine Kopie in seinen persönlichen Unterlagen aufbewahren.

→ **TIPP** Die Registrierung im Vorsorgeregister der Bundesnotarkammer ist entweder über das Internet (www.vorsorgeregister.de) oder per Post möglich. Je nach Inhalt und Art der Meldung (Internet/Post) sind einmalig Gebühren von mindestens 13 Euro fällig. Auch Notare, Anwälte und Betreuungsvereine können dort Eintragungen vornehmen.

Änderung und Widerruf der Vollmacht

Eine Vorsorgevollmacht lässt sich jederzeit ändern oder widerrufen, vorausgesetzt der Vollmachtgeber ist weiterhin voll geschäftsfähig. Sind nur kleine Änderungen notwendig, können Sie diese direkt in die vorhandenen Originale einfügen oder unter den ursprünglichen Text schreiben. Diese Ergänzung sollte allerdings möglichst nicht auf einem neuen Blatt anfangen, damit der Zusammenhang mit der Vollmacht erkennbar bleibt.

Stehen größere Änderungen an, wird die alte Vollmacht am besten widerrufen und eine neue aufgesetzt. Möchten Sie einen neuen Bevollmächtigten einsetzen, sollte der ursprüngliche Bevollmächtigte eine Kopie des Widerrufs erhalten.

Achten Sie darauf, alte Fassungen einzusammeln und zu vernichten, damit nicht verschiedene Versionen der Vollmacht im Umlauf sind. Um den Überblick zu behalten, empfiehlt es sich, die Originale oder Kopien nur an wenige Personen zu verteilen. Aktualisierte Fassungen sollten deutlich mit einem Datum gekennzeichnet sein. Haben Sie eine neue Vorsorgevollmacht erstellt, müssen Sie diese wieder an die gewählten Vertrauenspersonen verteilen.

Die Vereinbarung zwischen Vollmachtgeber und Bevollmächtigtem im Innenverhältnis

Die Vorsorgevollmacht ist eine einseitige Erklärung des Vollmachtgebers. Bei der Vereinbarung zwischen Vollmachtgeber und Bevollmächtigtem handelt es sich dagegen um einen gegenseitigen Vertrag. In diesem Vertrag werden die Rechte und Pflichten des Bevollmächtigten vereinbart. Verletzt der Bevollmächtigte seine vertraglichen Pflichten, ist er gegenüber dem Vollmachtgeber haftbar.

Alle Details zur Anwendung der Vollmacht und zur Umsetzung der Bestimmungen gehören in die Vereinbarung im Innenverhältnis. Die Vorsorgevollmacht sollte nach außen gegenüber Dritten möglichst umfassend und sofort gültig sein.

Bedingungen zum Einsatz der Vollmacht

Während die Vollmacht möglichst nicht in ihrer Wirksamkeit eingeschränkt sein sollte, ist genau das für die ergänzende Vereinbarung im Innenverhältnis gewünscht. Formulieren Sie hier, unter welchen Voraussetzungen die Vollmacht eingesetzt werden soll. Diese Bedingungen können recht allgemein gehalten sein, etwa, dass der Bevollmächtigte die Vollmacht erst nutzen darf, wenn der Vollmachtgeber selbst seine Angelegenheiten nicht regeln kann. Es lassen sich aber auch konkrete Bedingungen festlegen, etwa ein Bescheinigung des Arztes, dass der Vollmachtgeber handlungsunfähig ist.

Mit der Vereinbarung im Innenverhältnis können Sie auch bestimmen, welche Aufgaben der Bevollmächtigte übernehmen soll. Wichtig ist dies vor allem dann, wenn mehrere Bevollmächtigte mit unterschiedlichen Aufgabenbereichen und Rechten eingesetzt werden sollen.

Wünsche und Anweisungen an den Bevollmächtigten

Die Anweisungen an den Bevollmächtigten hängen stark von der individuellen Lebenssituation und der Lebenseinstellung des Vollmachtgebers ab. Das Formular (→ **Seite 37 ff.**) kann einen Anhaltspunkt für die Formulierung geben.

Die folgende Aufzählung zeigt, was Sie mit dem Bevollmächtigten im Innenverhältnis regeln können. Sie ist nicht abschließend, sondern kann ergänzt werden.

→ Vertretung in medizinischen Angelegenheiten (möglichst mit Verweis auf eine gesonderte Patientenverfügung),
→ Wünsche zur längerfristigen Pflege
  a) zu Hause
  b) in einer Pflegeeinrichtung,
→ Anwendung von freiheitsbeschränkenden Maßnahmen,
→ Verkauf/Vermietung der Wohnung des Vollmachtgebers (beim Verkauf einer Immobilie ist die notarielle Beurkundung der Vollmacht notwendig),
→ Auflösung des Haushalts und Verwertung/Lagerung von Gegenständen des Vollmachtgebers,
→ Verwendung von Einkommen und Vermögen des Vollmachtgebers,
→ Zahlungen vom Konto des Vollmachtgebers, beispielsweise Geschenke, regelmäßige Unterstützung von (Enkel-)Kindern (bei Zahlungen an den Bevollmächtigten oder seine minderjährigen Kinder müssen in der Vollmacht sogenannte In-Sich-Geschäfte erlaubt sein),
→ Weiterführung der Geschäfte des Vollmachtgebers (eventuell ist eine notariell beurkundete Vollmacht notwendig),
→ Versorgung von (Haus-)Tieren,
→ Regelungen zum Begräbnis und zur Trauerzeremonie.

Je detaillierter die Vereinbarung im Innenverhältnis ist, desto länger wird der Schriftsatz und das Risiko steigt, dass etwas nicht bedacht wurde. Andererseits sollten Sie die Gelegenheit nutzen, alles, was für die Anwendung der Vollmacht wichtig ist, hier festzuhalten.

Checkliste für die Vorsorgevollmacht und die Vereinbarung im Innenverhältnis

Es gibt einige Punkte, die geklärt werden müssen, wenn Sie eine Vorsorgevollmacht oder die Vereinbarung im Innenverhältnis aufsetzen. Arbeiten Sie die folgende Checkliste nach und nach durch. So können Sie sicher sein, nichts Wesentliches zu vergessen.

> **CHECKLISTE**
>
> **Vorab klären:**
>
> ☐ Gibt es eine Person, der Sie so umfassend vertrauen, sodass Sie ihr eine Vollmacht für Ihre persönlichen und finanziellen Angelegenheiten erteilen wollen? Ist diese Person in der Lage, Ihre Angelegenheiten im Bedarfsfall tatsächlich zu regeln?
>
> ☐ Ja, es gibt eine Person: Erstellen Sie eine Vollmacht und eine Vereinbarung im Innenverhältnis. Eine Betreuungsverfügung und eine Patientenverfügung sind eine sinnvolle Ergänzung.
>
> ☐ Ja, es gibt mehrere Personen: Achten Sie bei der Vereinbarung im Innenverhältnis auf eine eindeutige Zuweisung von Aufgaben und Entscheidungsbereichen, und stellen Sie klare Regeln auf.
>
> *Fortsetzung Checkliste* →

✓ CHECKLISTE (FORTSETZUNG)

☐ Nein. Verzichten Sie (zunächst) auf eine Vorsorgevollmacht. Erstellen Sie stattdessen eine ausführliche Betreuungsverfügung und evtl. eine Patientenverfügung.

Wichtige Inhalte:

☐ Ist die Vollmacht nach außen ohne Einschränkungen gültig?
☐ Gibt es eine Vereinbarung mit dem/n Bevollmächtigten im Innenverhältnis, die alle Details zur Ausgestaltung der Vollmacht enthält?
☐ Enthält die Vollmacht ausdrücklich das Recht, über lebenserhaltende und lebensgefährdende medizinische Maßnahmen zu entscheiden?
☐ Enthält die Vollmacht ausdrücklich das Recht, über den Aufenthaltsort und den Einsatz freiheitsbeschränkender Maßnahmen zu entscheiden?
☐ Ist eine Betreuungsverfügung in die Vollmacht integriert?
☐ Ist die Vollmacht über den Tod hinaus gültig?
☐ Darf der Bevollmächtigte Untervollmachten erteilen?
☐ Ist die Haftung des Bevollmächtigten geregelt?
☐ Sind Regelungen zur Aufwandsentschädigung inklusive Übernahme von Kosten für eine Erweiterung der Haftpflichtversicherung und Fachberatung für den Bevollmächtigten in der Vereinbarung im Innenverhältnis enthalten?
☐ Hat ein unabhängiger Dritter den „Vollbesitz der geistigen Kräfte" des Vollmachtgebers bestätigt?

Sonderfälle:

☐ Gibt es minderjährige Kinder, für die gesorgt werden muss?

- Erstellen Sie eine handschriftliche oder notarielle Sorgerechtsverfügung, die Sie der Vollmacht und dem Testament beifügen.

☐ Soll der Bevollmächtigte über Grundstücke, Immobilien oder große Vermögenswerte bestimmen?

- Lassen Sie Ihre Vollmacht notariell beurkunden, am besten nach einer vorherigen Beratung durch Notar, Rechtsanwalt oder auch einen Steuerberater.

☐ Soll der Bevollmächtigte mit sich selbst oder einem seiner minderjährigen Kinder Geschäfte tätigen oder Schenkungen veranlassen?

- Geben Sie dem Bevollmächtigten in der Vollmacht die Berechtigung für In-Sich-Geschäfte, und erklären Sie in der Vereinbarung im Innenverhältnis so genau wie möglich, wie dies umgesetzt werden soll.

Und nicht vergessen:

☐ Hat jede/r Beteiligte mindestens ein Original der Vollmacht?
☐ Gibt es Bankvollmachten, die von den jeweiligen Banken akzeptiert sind?
☐ Gibt es eine Übersicht, wer welche Unterlagen hat?

Typische Fehler bei der Vorsorgevollmacht

Vorsorgevollmachten bergen einige Tücken. Aber keine Sorge. Hier finden Sie die häufigsten Fehler und erfahren, wie Sie diese vermeiden können.

Beschränkung der Vollmacht nach außen
Wer seine Vollmacht einleitet mit den Worten „Für den Fall, dass ich wegen Krankheit oder Unfall selbst keine Entscheidungen treffen kann .." macht es seinem Bevollmächtigten fast unmöglich, seine Aufgaben umzusetzen. Denn der Bevollmächtigte muss immer wieder beweisen, dass der Vollmachtgeber in der aktuellen Situation seine Rechte nicht selbst wahrnehmen kann.

(Vorsorge-)Vollmachten sollten nach außen gegenüber Dritten möglichst weitreichend und ohne zeitliche oder sachliche Beschränkungen gelten. Beschränkungen beim Einsatz der Vollmacht können in einer Vereinbarung im Innenverhältnis zwischen Vollmachtgeber und Bevollmächtigtem geregelt werden.

Vorschnelle Wahl des Bevollmächtigten
Bevollmächtigte haben weitreichende Befugnisse und werden in der Regel nicht kontrolliert. Daher gibt es viel Spielraum für Missbrauch. Bevollmächtigten Sie nur Personen, denen Sie bedingungslos vertrauen. Familienmitglieder sind nicht immer die beste Wahl. Auch hier muss ein großes Vertrauensverhältnis bestehen. Darüber hinaus muss der Bevollmächtigte zeitlich, räumlich und inhaltlich in der Lage sein, die Aufgaben als Bevollmächtigter zu erfüllen.

Gibt es keine geeignete Person, um die verantwortungsvolle Position eines Bevollmächtigten zu erfüllen, ist eine ausführliche Betreuungsverfügung anstelle der Vollmacht die bessere Wahl.

Meinungsverschiedenheiten bei mehreren Bevollmächtigten
Haben mehrere Personen eine Vollmacht, sind sie im Handeln blockiert, wenn sie dieselben Befugnisse haben, aber unterschiedlicher Auffassung zur Umsetzung sind.

Um Streit zu vermeiden, sollte im Innenverhältnis möglichst klar geregelt sein, welcher Bevollmächtigte zu welchen Lebensbereichen Entscheidungen treffen kann. Am Ende sollte eine Person berechtigt sein, das letzte Wort zu sprechen.

Unklare und widersprüchliche Regelungen
Bevollmächtigte sollen im Sinne des Vollmachtgebers handeln. Schwierig wird dies, wenn in der Vorsorgevollmacht, der Betreuungsverfügung und/oder der Patientenverfügung unterschiedliche Aussagen zu einem Sachverhalt stehen. Zu Streit kommt es häufig auch nach dem Tod des Vollmachtgebers, wenn die Erben den Bevollmächtigten für eine falsche Verwaltung der Finanzen haftbar machen.

Damit Bevollmächtigte Handlungssicherheit haben, sollte es gerade bei strittigen Themen, etwa zum Einsatz der finanziellen Mittel und bei In-Sich-Geschäften, möglichst eindeutige Handlungsanweisungen im Innenverhältnis zwischen Vollmachtgeber und Bevollmächtigtem geben. Wer mehrere Vollmachten und Verfügung hat, sollte darauf achten, bei Änderungen in einem Dokument auch die anderen Dokumente zu prüfen.

Welche Besonderheiten gibt es noch?

Grundsätzlich müsste eine umfassende (Vorsorge)-Vollmacht Regelungen für alle Lebensbereiche treffen. In der Praxis gibt es aber trotz der rechtlichen Anerkennung einer Vollmacht Lücken. Sie kommen deshalb nicht darum herum, weitere Vollmachten zu erstellen.

Bankenvollmachten: Die meisten Banken weigern sich, (Vorsorge-)Vollmachten anzuerkennen und verlangen gesonderte Vollmachten auf hauseigenen Formularen. Wer sich langjährige juristische Auseinandersetzungen über die Akzeptanz einer allgemeinen Vollmacht ersparen will, sollte dem Wunsch der Banken nachkommen und gesonderte Bankvollmachten erstellen. Diese Bankvollmachten müssen häufig auf den institutseigenen Formularen erstellt und im Beisein eines Bankangestellten unterschrieben werden. Bei Online-Banken kommt meistens das Post-ident-Verfahren zum Einsatz.

Bankvollmachten können sehr unterschiedlich weit gefasst sein. Sie sind aber in der Regel umfassender als eine einfache Unterschriftsberechtigung für ein Konto, wie sie etwa bei Eheleuten üblich ist. Der genaue Umfang und die Bedingungen zur Anwendung der Vollmacht stehen oft nur im Kleingedruckten. Wer sicher gehen möchte, dass Angehörige über den Tod hinaus handlungsfähig sind, kann eine entsprechend lange Laufzeit der Vollmacht festlegen. Dies bewahrt die Bevollmächtigten jedoch nicht vor eventuellen Streitigkeiten, wenn Erben ungerechtfertigte Ausgaben monieren und Schadenersatz fordern.

Je nach Bank kann die praktische Anwendung der Vollmacht kompliziert werden, etwa wenn bei jeder Transaktion im Onlinebanking erneut die Kontovollmacht nachgewiesen werden muss. Wer seinen Bevollmächtigten unnötigen Aufwand ersparen will, sollte testen, wie die Bankvollmacht tatsächlich funktioniert, und sich bei Problemen nach einem anderen Finanzinstitut mit besseren Bedingungen umsehen.

Digitale Welt: Immer mehr persönliche Angelegenheiten werden heutzutage über den Computer und das Internet erledigt. Betellungen und Abos laufen über den Onlinehandel, Rechnungen kommen nicht mehr per Post sondern per E-Mail, Film- und Fotodatenbanken sind in Clouds gespeichert. Je mehr solche Medien genutzt werden, desto größer ist die Wahrscheinlichkeit, dass Bevollmächtigte ihre Aufgaben nicht umfassend wahrnehmen können, sofern nicht auch für das digitale Leben Vorsorge getroffen wurde.

„Wichtige Dokumente in der Cloud stellen Bevollmächtigte und Erben vor große Probleme."

STEPHANIE HERZOG Erbrechtsanwältin in Würselen. Es sei wichtig dafür zu sorgen, dass Bevollmächtigte oder Erben im Ernstfall an alle wichtigen Dokumente auf dem heimischen PC oder in der Cloud herankommen.

Sie empfehlen dringend, in der Vorsorgevollmacht und im Testament auch die digitalen Angelegenheiten zu regeln. Warum?

STEPHANIE HERZOG: Stellen Sie sich vor, Ihr Angehöriger kann sich nicht mehr um seine Angelegenheiten kümmern. Früher durchsuchte man seine Ordner im Aktenschrank oder den Schreibtisch, um fällige Rechnungen zu finden oder um Verträge zu kündigen. Heute sind viele dieser Dokumente digital. Handyvertrag und Rechnungen liegen irgendwo auf dem Computer oder in der Cloud, die Onlinezeitung muss gekündigt werden; digital abgeschlossene Geschäfte müssen weitergeführt oder abgewickelt werden. Dafür ist der Bevollmächtigte zuständig, im Todesfall die Erben. Diese Personen müssen aber erstmal wissen, wo solche Informationen liegen und wo der Angehörige aktiv war: Blogs, Facebook, irgendwelche anderen Portale. Dann benötigen sie die Passwörter.

Wie sollte man die Passwörter hinterlegen?

STEPHANIE HERZOG: Auf keinen Fall dürfen sie ins Testament oder in die Vorsorgevollmacht aufgenommen werden. Die Vorsorgevollmacht muss dem Rechtsverkehr vorgelegt werden. Dritte bekämen also alle Passwörter zu Gesicht. Und ein Testament wird eröffnet und den gesetzlichen Erben zugänglich gemacht. Idealerweise hält man auf einer Liste fest, wo man im Internet mit welchem Passwort aktiv ist. Diese Liste muss man aber stets aktuell halten. Ich mache das schon deshalb, weil ich mir sonst nicht alle Passwörter merken kann. Ich schreibe sie in eine Datei auf dem Computer. Das Dokument ist mit einem Masterpasswort geschützt und auf einem Stick gespeichert. Dadurch kann es nicht so leicht gehackt werden. Ich muss dem Bevollmächtigten oder den Erben dann nur sagen, wo sie das Dokument und den Stick finden und wie das Masterpasswort lautet. Das ist Vertrauenssache.

Reicht das aus, damit sie meine digitalen Angelegenheiten regeln können?

STEPHANIE HERZOG: Nein, es ist wichtig, auch eine entsprechende Formulierung in die Vorsorgevollmacht aufzunehmen. Zum Beispiel: „Diese Generalvorsorgevollmacht ermächtigt insbesondere auch dazu, meine digitalen Angelegenheiten zu regeln, insbesondere zum Zugriff auf alle Passwörter, Verträge, Emails, andere Konten und Daten sowie zur Geltendmachung von entsprechenden Auskunftsansprüchen gegenüber den Anbietern. Diesbezüglich befreie ich die Provider vom Telekommunikationsgeheimnis und sonstigen Geheimhaltungspflichten". Das ist wichtig für die Provider, die große Angst haben, etwas falsch zu machen und Ärger zu bekommen. Mit einer solchen Formulierung kooperieren sie eher. Sinnvoll ist es sicherlich auch, die Angebote von manchen Anbietern anzunehmen, bei denen man bestimmen kann, was nach welcher Inaktivitätszeit eines Accounts passieren kann und welche Person zuständig sein soll. Solche Möglichkeiten eröffnet zum Beispiel Google beim sogenannten Inaktivitätsmanager.

Und was sollte im Testament stehen?
STEPHANIE HERZOG: Im Testament ist diese Klarstellung eigentlich nicht notwendig. Aber auch hier gilt: Je mehr sich die Provider wiederfinden, desto eher helfen sie weiter. Außerdem kann man einen Testamentsvollstrecker für den digitalen Nachlass bestimmen, am besten jemanden, der sich damit auskennt. Und man kann anordnen, was mit den digitalen Inhalten passieren soll: Soll der Facebook-Account gelöscht werden oder in den Gedenkstatus versetzt werden? Soll jemand den Blog weiterführen. Ein Blog kann ja heutzutage ein Vermögenswert sein, den man gerne an jemand anderen vererbt. Im Zweifel sollte man sich bezüglich der genauen Formulierung fachkundigen Rat holen.

Betreuungs-verfügung

Wenn eine volljährige Person selbst keine Entscheidungen treffen kann und es keinen Bevollmächtigten gibt, greift immer das gesetzliche Betreuungsverfahren. Es muss daher niemand Angst haben, dass er im Notfall ohne einen Stellvertreter allein gelassen wird, weil er keine Vorsorgevollmacht verfasst hat. Das Betreuungsverfahren greift auch dann, wenn eine Vollmacht einzelne Lebensbereiche nicht umfasst und hier Entscheidungen getroffen werden müssen.

→

In fünf Schritten
zur Betreuungsverfügung

Wenn Sie sich entschieden haben, eine Betreuungsverfügung aufzusetzen, kommen Sie so schnell zum Ziel:

1 Ich überlege mir, wer mein Betreuer sein soll. Das kann ein Angehöriger oder Bekannter sein, aber auch eine andere Person, der ich zutraue, meine Angelegenheiten zu regeln.

2 Ich überlege mir, welche Dinge mir bei Entscheidungen im Leben wichtig sind. Sofern ich bereits eine Vorsorgevollmacht erstellt habe, nutze ich diese als Vorlage.

3 Ich frage meinen Wunschbetreuer, ob er diese Aufgabe übernehmen kann und will.

4 Ich setze eine Betreuungsverfügung auf und unterschreibe sie mit Datum.

5 Ich hinterlege die Betreuungsverfügung an einem gut auffindbaren Ort, registriere sie evtl. auch im Internet und gebe meinem Wunschbetreuer eine Kopie.

Das ist wichtig zu wissen

Die Betreuungsverfügung ist für den Fall gedacht, dass vom Gericht eine gesetzliche Betreuung angeordnet werden muss. Dazu kommt es, wenn jemand wegen einer psychischen Krankheit oder einer körperlichen, geistigen oder seelischen Behinderung seine Angelegenheiten ganz oder teilweise nicht regeln kann und auch keine andere Person dazu von ihm bevollmächtigt wurde.

Die gesetzliche Betreuung bezieht sich nur auf die Lebensbereiche, für die aktuell Entscheidungen anstehen, also zum Beispiel finanzielle Angelegenheiten, eine etwaige Heimunterbringung oder auch Gesundheitsfragen. Der Betreuer ist gesetzlich verpflichtet, sich an den Wünschen und am Wohl des Betroffenen zu orientieren; sein Handeln wird durch das Gericht kontrolliert. Die Inhalte einer bestehende Patientenverfügung und einer Vorsorgevollmacht sollen vom Gericht und vom Betreuer berücksichtigt werden.

Die formalen Anforderungen an eine Betreuungsverfügung

Wer eine Betreuungsverfügung aufsetzen will, muss nicht geschäftsfähig, aber in der Lage sein, die Tragweite der Entscheidungen zu erfassen. Für die Form gilt Ähnliches wie für die Vorsorgevollmacht. Die Betreuungsverfügung muss schriftlich niedergelegt und sowohl vom Betroffenen als auch, wenn möglich, vom Wunschbetreuer mit Ort und Datum unterschrieben werden. Eine notarielle Beurkundung ist nicht notwendig. Wer sichergehen möchte, kann die Unterschrift aber beispielsweise durch die örtliche Betreuungsstelle beglaubigen lassen.

Für Betreuungsverfügungen stehen zahlreiche Mustervorlagen im Internet oder in Broschüren zur Verfügung. Zu deren Nutzung gilt dasselbe wie bei der Vorsorgevollmacht (→ Seite 33 ff.).

Der Betreuer

Das Gericht bestellt einen Betreuer, der für diese Aufgabe „geeignet" sein muss. Der Betreuer muss selbst volljährig, geschäftsfähig und für die anstehenden Aufgaben fachlich und praktisch geeignet sein. Das heißt, er muss zwar bestimmte Kriterien erfüllen, kann aber eine für den Betroffenen völlig fremde Person sein. Das Gericht kommt dem Wunsch des Betroffenen grundsätzlich nach. In der Betreuungsverfügung lässt sich daher bestimmen, wer gesetzlicher Betreuer werden soll und wer auf keinen Fall.

→ **GUT ZU WISSEN** Das heutige Verfahren der gesetzlichen Betreuung ist nicht vergleichbar mit der früheren „Entmündigung". Sowohl für den Richter als auch den gesetzlichen Betreuer soll der Wunsch des Betreuten handlungsleitend sein. Maßgeblich sind die Wünsche des Betreuten, nicht die persönlichen Ansichten des Betreuers.

»Muss ich noch eine Betreuungsverfügung aufsetzen, wenn ich schon eine Vollmacht erteilt habe?«

Ja, das ist empfehlenswert. Es kann Situationen geben, in denen die Vollmacht nicht ausreicht. Mit einer kurzen Ergänzung in der Vorsorgevollmacht lässt sich das einfach umsetzen.

Bei der Wahl des Betreuers gilt grundsätzlich Ähnliches wie bei der Auswahl des Bevollmächtigten für die Vorsorgevollmacht. Wer bereits eine Vorsorgevollmacht verfasst hat, kann darin eine weitere Vertrauensperson, aber auch den Bevollmächtigten, zum Wunschbetreuer benennen. Dadurch wird die Vollmacht mit der Betreuungsverfügung verbunden.

Sofern der Betroffene bereits in einem Heim oder einer ähnlichen Einrichtung lebt, dürfen die dort Beschäftigten oder ihre Familienangehörigen nicht zu dessen gesetzlichem Betreuer werden.

Das steht in einer Betreuungsverfügung

Mit der Betreuungsverfügung wird gegenüber dem Gericht in erster Linie eine Aussage getroffen, **welche Person die Aufgaben als Betreuer übernehmen soll** und welche nicht.

Darüber hinaus lassen sich in der Betreuungsverfügung **Vorgaben für den Betreuer** machen, was wie geregelt werden soll. Gibt es keine in der Verfügung konkret benannten Wünsche, ist der Betreuer verpflichtet, den Willen des Betreuten zu ermitteln. In erster Linie muss er sich dazu einen persönlichen Eindruck verschaffen. Ist das nicht möglich, muss er versuchen, aus den ihm vorliegenden Unterlagen und Informationen den Willen des Betreuten zu ermitteln.

→ **TIPP** Liegt bereits eine Vorsorgevollmacht und eine Vereinbarung im Innenverhältnis vor, lässt sich die Betreuungsverfügung einfach integrieren. Weitere Ausführungen sind nicht nötig.

Sofern es keine Vorsorgevollmacht gibt, etwa weil sich keine vertrauenswürdige Person als Bevollmächtigter gefunden hat, sollte die Betreuungsverfügung etwas ausführlicher ausfallen. Dafür können Sie ähnliche Formulierungen nutzen wie sie in diesem Buch für die Vorsorgevollmacht und die Vereinbarung im Innenverhältnis dargestellt sind (**→ Seite 25 ff.**).

Inhalte einer Betreuungsverfügung können sein:

→ **Wünsche für das Verfahren zur Einrichtung der Betreuung:** Wer soll im Bedarfsfall zur Anhörung bei Gericht eingeladen werden, wenn über eine gerichtliche Betreuung entschieden wird? Denkbar wär ein Arzt oder ein medizinischer Sachverständiger des Vertrauens, der beurteilen kann, ob der Betroffene noch eigenständige Entscheidungen treffen kann.

→ **Bestimmungen für das persönliche Lebensumfeld:** Welche Vorstellungen gibt es für das persönliche Lebensumfeld bei Krankheit und Pflege? Alle wichtigen Situationen lassen sich in Einzelheiten festlegen, zum Beispiel die

„Das Recht, über sich selbst zu bestimmen, steht immer im Vordergrund."

RAINER SOBOTA hat die Aufgabe, den Willen anderer Menschen zu ermitteln und umzusetzen. Der Berufsbetreuer aus Delmenhorst weiß, dass „eine gehörige Portion Vertrauen dazugehört", eine fremde Person mit einer Betreuung zu beauftragen.

Welche Aufgabe haben Sie als Berufsbetreuer?

RAINER SOBOTA: Ich versuche herauszufinden, welche Wünsche mein Klient hat und diese dann umzusetzen. Wenn zum Beispiel jemand nicht mehr damit klar kommt, Pflegeleistungen zu beantragen, sorge ich dafür, dass er zu seinen Ansprüchen kommt. Oder wenn ein Krankenhaus sagt: „Der Patient muss ins Pflegeheim", dieser das aber nicht möchte, versuche ich, die Versorgung zu Hause zu organisieren.

Wie kommt der Kontakt zwischen Ihnen und den Betreuten zustande?

RAINER SOBOTA: Im Krankenhaus kontaktieren Ärzte den Sozialdienst, wenn sie merken, dass sich ein Patient nicht mehr um bestimmte Angelegenheiten kümmern kann. Der Sozialdienst wendet sich an das Betreuungsgericht, das schaltet die Betreuungsbehörde ein und die tritt an mich heran. Das ist ein typischer Weg. Oder Angehörige kommen direkt zu mir und fragen, ob ich eine Betreuung übernehme. Dabei kommt es gelegentlich zu Konflikten. Denn ich richte mich nach den Wünschen meiner Klienten, nicht nach den Vorstellungen der Angehörigen. Das Recht, über sich selbst zu bestimmen, steht immer im Vordergrund.

Was unterscheidet Ihre Arbeit von der eines ehrenamtlichen Bevollmächtigten?

RAINER SOBOTA: Der Bevollmächtigte wird nicht kontrolliert, ich muss gegenüber dem Gericht Rechenschaft ablegen. Ich muss darlegen, wofür ich fremdes Vermögen verwendet habe und regelmäßig Berichte schreiben.

Wie viel Zeit haben Sie für jeden Klienten?

RAINER SOBOTA: Ich betreue 40 bis 50 Menschen gleichzeitig. Das Gericht vergütet mir für einen mittellosen Klienten im Schnitt 3,1 Stunden pro Monat. Wenn alle bürokratischen Arbeiten erledigt sind, bleiben 20 Minuten für ein persönliches Gespräch. Da kann ich gerade „Guten Tag" und „Auf Wiedersehen" sagen. Das reicht natürlich nicht, und so arbeite ich ehrenamtlich viel mehr. Mit durchschnittlich 5,5 Stunden würde ich hinkommen.

Was macht einen guten Berufsbetreuer aus?

RAINER SOBOTA: Er muss seine Arbeit nach fachlichen Standards ausrichten und nicht nach Gefühl tätig werden. Es gibt keine vorgeschriebene Ausbildung für den Beruf, deshalb sind Fortbildungen wichtig. Ein Rechtsanwalt kennt nicht die sozialen Aspekte, ein Sozialarbeiter braucht zusätzliches Fachwissen aus anderen Bereichen. Außerdem ist es wichtig, dass sich der Betreuer Zeit für den Klienten nimmt: Wenn ich herausfinden möchte, was er will, muss ich mit ihm kommunizieren.

> **Viele Menschen setzen in der Betreuungsverfügung Angehörige als Wunschbetreuer ein. Wo liegen die Tücken?**
> RAINER SOBOTA: Die Angehörigen wollen oft das Beste für den Betreuten und glauben zu wissen, was das ist, ohne den Klienten ernsthaft einzubinden. Das führt zu einer Entrechtung. Und bei sehr schwierigen Entscheidungen, zum Beispiel ob ein Mensch weiterbehandelt wird oder nicht und wenn ja, wie, sind Angehörige häufig überfordert. In der Betreuung gibt es zahlreiche Entscheidungen von existenzieller Bedeutung. Es gehört viel Vertrauen dazu, mit einer fremden Person als Betreuer zusammenzuarbeiten. Man muss sicher sein, dass er auch wirklich so handelt, wie man selbst es möchte.

Auswahl eines Pflegeheims sofern dies erforderlich wird. Oder wie die Pflege zu Hause gestaltet werden soll. Eine generelle Ablehnung eines Umzugs in ein Heim ist jedoch nicht möglich. Falls das persönliche Wohl zu Hause nicht mehr gesichert ist, muss der Betreuer den Umzug in die Wege leiten.

→ **Zuwendungen an Dritte:** Ohne Grundlage darf der Betreuer keine Zuwendungen an Dritte geben, etwa ein großzügiges Geburtstagsgeschenk an die Enkel. Wer andere Personen finanziell unterstützen möchte, sollte dies in der Betreuungsverfügung regeln. Sind Immobilien, Grundstücke oder größere Firmengeschäfte im Spiel, sollten Sie sich notariell beraten lassen.

→ **Anweisungen zur Heilbehandlung:** Da der Betreuer ohnehin eine vorhandene Patientenverfügung berücksichtigen muss, ist es nicht notwendig, weitergehende Regelungen in die Betreuungsverfügung aufzunehmen. Liegt eine Patientenverfügung vor, die auf die aktuelle Situation passt, kann der Betreuer direkt die Wünsche des Betroffenen gegenüber den Ärzten vertreten. Nur wenn keine (passende) Patientenverfügung existiert, sollte die Betreuungsverfügung Hinweise zu Wünschen bezüglich der medizinischen Behandlung und zum Abbruch lebenserhaltender Maßnahmen enthalten. Dann muss der Betreuer bei lebensgefährdenden Maßnahmen sowie beim Abbruch lebenserhaltender Maßnahmen eine gesonderte Genehmigung des Betreuungsgerichts einholen, um wirksam zustimmen zu können.

→ **GUT ZU WISSEN** Bei allen wesentlichen Entscheidungen, etwa einem Umzug ins Heim oder dem Einsatz freiheitsbeschränkender Maßnahmen, muss der Betreuer seine Entscheidungen durch das Gericht genehmigen lassen.

Wirksamkeit und Aufgabenkreis einer Betreuungsverfügung

Die Betreuungsverfügung entfaltet erst dann ihre Wirkung, wenn das Gericht aus rechtlicher Sicht einen Betreuer bestellen muss. Das ist dann der Fall, wenn der Betroffene aufgrund einer psychischen Erkrankung oder einer körperlichen, geistigen oder seelischen Behinderung seine Angelegenheiten nicht mehr selbst regeln kann.

→ **GUT ZU WISSEN** Eine Betreuung kann nicht vorsorglich, auf Verdacht, eingerichtet werden. Die Entscheidung über eine Betreuung ist auch nicht endgültig. Auf Basis der Berichte des Betreuers oder auf Antrag entscheidet das Gericht neu, ob eine Änderung der Aufgabenbereiche ansteht.

Eine Betreuung wird nur für Lebensbereiche eingerichtet, für die eine gesetzliche Vertretung notwendig ist.

Mögliche Aufgabenkreise wären zum Beispiel:
→ Vermögenssorge,
→ Gesundheitssorge,
→ Wohnungsangelegenheiten,
→ Vertretung gegenüber Behörden,
→ Bestimmung des Aufenthalts.

So kann eventuell eine Vertretung in finanziellen Angelegenheiten notwendig sein, Entscheidungen zur medizinischen Behandlung kann der Betroffene noch selbst treffen. Der Aufgabenkreis „alle Angelegenheiten" ist nur zulässig, wenn der Betroffene nicht in der Lage ist, auch nur einen Teilbereich seines Lebens selbst zu bewältigen. In allen anderen Fällen muss das Gericht sich um eine Abgrenzung zwischen erforderlichen und nicht erforderlichen Aufgaben des Betreuers bemühen. Nur wer eine Betreuung für „alle Angelegenheiten" hat, verliert sein Wahlrecht.

→ **GUT ZU WISSEN** Mit dem Tod des Betreuten endet der Auftrag des Betreuers. Alle Wünsche zum Nachlass müssen im Testament geregelt sein.

Aufbewahrung und Hinterlegung

Die Betreuungsverfügung muss dem Gericht im Original vorliegen. Deshalb kommt es bei der Aufbewahrung vor allem darauf an, sicherzustellen, dass das Gericht im Bedarfsfall von der Existenz der Verfügung erfährt und diese ausgehändigt bekommt. Am einfachsten ist es, die Betreuungsverfügung dem Wunschbetreuer auszuhändigen. Anders als bei der Vorsorgevollmacht müssen Sie keinen Missbrauch befürchten. Der Betreuer kann erst tätig werden, wenn das Betreuungsverfahren abgeschlossen wurde und er seine Betreuerurkunde erhalten hat.

→ **TIPP** In manchen Bundesländern können Betreuungsverfügungen bei den Betreuungsgerichten hinterlegt werden. Wenn Sie die Betreuungsverfügung mit einer Vorsorgevollmacht und/oder einer Patientenverfügung verbunden haben, werden diese mit verwahrt. Erkundigen Sie sich beim Amtsgericht Ihres Wohnortes nach dieser Möglichkeit.

Hilfen zum Ausfüllen und Formulare für die Betreuungsverfügung (→ Seite 43 ff.):

Im hinteren Teil des Buches (→ **Seite 49 bis 54**) finden Sie ein **Beispielformular für eine Betreuungsverfügung.**

Auf den Seiten davor (→ **45 bis 47**) stehen **Hinweise zum Ausfüllen.**

Betreuungsverfügungen können auch im Register der Bundesnotarkammer erfasst werden. Die Registrierung ist per Post oder über das Internet möglich. Die Gerichte können die Inhalte dieses Registers elektronisch abrufen.

Eine Betreuungsverfügung lässt sich jederzeit widerrufen. Dafür können Sie das Original der ersten Verfügung entweder ändern oder vernichten. Das überarbeitete oder neue Dokument hinterlegen Sie am alten Platz. Wurden Kopien verteilt, sollten diese durch neue ersetzt werden.

Die Kosten der Betreuung

Was viele nicht wissen: Betreuer haben Anspruch auf den Ersatz von Aufwendungen beziehungsweise auf eine Vergütung. Ehrenamtliche Betreuer haben die Wahl zwischen einer Aufwandspauschale in Höhe von zurzeit jährlich 399 Euro oder einer Kostenerstattung über den Nachweis jeder einzelnen Aufwendung per Beleg.

Berufsbetreuer erhalten eine Vergütung nach gesetzlich festgelegten Stundensätzen. Je nach beruflicher Qualifikation betragen diese 27 Euro, 33,50 Euro oder 44 Euro pro Stunde. Abgerechnet wird nach genau festgelegten Vergütungspauschalen, die davon abhängen, wie lange die Betreuung besteht, ob der Betreute in einem Heim oder zu Hause lebt, und ob er die Kosten selbst übernimmt. So schwanken die Pauschalen für Selbstzahler zwischen 2,5 und 5,5 Stunden pro Monat bei Betreuten im Heim und zwischen 4,5 und 8,5 Stunden pro Monat bei Betreuten, die zu Hause leben.

Neben dem Aufwendungsersatz beziehungsweise der Vergütung des Betreuers fallen jährlich Gerichtskosten an. Darüber hinaus kann das Gericht seine Auslagen in Rechnung stellen.

→ **GUT ZU WISSEN** Ist der Betreute im Sinne das Sozialhilferechts mittellos, übernimmt die Staatskasse, das heißt das Justizministerium des jeweiligen Landes, die Kosten.

Kontrolle der Betreuer

Immer wieder hört man von Fällen, in denen Betreuer ihre Rechte ausgenutzt und entweder dem Betreuten (vor allem finanziell) geschadet oder sich selbst bereichert haben sollen. Deshalb müssen viele Entscheidungen der Betreuer durch das Gericht genehmigt werden, zum Beispiel größere Geldbewegungen, die Vermietung der Wohnung des Betreuten und alle Geschäfte, die sich auf Grundstücke beziehen. Außerdem müssen Betreuer mit dem Aufgabenbereich „Vermögenssorge" regelmäßig, in der Regel jährlich, einen Bericht über die Vermögenslage des Betroffenen vorlegen, ergänzt durch Kopien der Kontoauszüge und Sparbücher.

→ **GUT ZU WISSEN** Sind Angehörige als Betreuer tätig, kann das Gericht sie von den strengen Kontrollen befreien oder die Zeiträume zum Nachweis der Tätigkeit auf mehrere Jahre verlängern.

Von Amts wegen unterliegen Betreuer der Aufsicht des Gerichts. Deshalb muss das Gericht auch Beschwerden Dritter über eine nicht im Sinne des Betroffenen durchgeführte Betreuung nachgehen. Allerdings wird das Gericht sich nicht auf bloße Verdächtigungen verlassen, sondern konkrete Hinweise und Beweise fordern.

→ **WICHTIG** Betreuer sind nicht nur gegenüber dem Betreuten haftbar, sondern auch gegenüber seinen Erben. Daher sollten Betreuer alle wichtigen Entscheidungen sorgfältig begründen und dokumentieren.

Sorgerechts- verfügung für Kinder

Minderjährige Kinder brauchen eine oder mehrere sorgeberechtigte Personen. Dies sind zunächst die Eltern, bei Alleinerziehenden ein Elternteil. Im Todesfall oder wenn sich die Eltern nicht mehr selbst kümmern können, muss das Familiengericht einen Vormund bestimmen. Dabei steht das Wohl des Kindes an erster Stelle. Da das Gericht nur einen kurzen Einblick in die Lebenssituation des Kindes hat, ist die Sorgerechtsverfügung eine wichtige Entscheidungshilfe.

→

In fünf Schritten
zur Sorgerechtsverfügung

So finden Sie einen guten Vormund für Ihr Kind:

1 Ich überlege, für welche Fälle die Sorgerechtsverfügung gelten soll: schon zu Lebzeiten oder erst im Todesfall.

2 Ich mache mir Gedanken, wer als Vormund für meine Kinder infrage kommt und bespreche das mit meinem Partner und den Kindern.

3 Ich frage meinen Wunschvormund, ob er die Aufgabe übernehmen würde.

4 Ich setze eine Sorgerechtsverfügung auf, unterschreibe sie und lasse den Wunschvormund unterzeichnen.

5 Ich lege die Sorgerechtsverfügung an einem gut auffindbaren Ort ab und händige sie meinem Wunschvormund aus.

Das Wichtigste zuerst

Es ist der Albtraum von Eltern: Ihnen passiert etwas und sie können sich nicht mehr um ihr Kind kümmern. Das Bürgerliche Gesetzbuch (BGB) schreibt vor, wie das Sorgerecht oder die Vormundschaft beim Tod der Eltern geregelt wird. Auch für eine Sorgerechtsverfügung im Todesfall gibt es klare Vorgaben.

Solche Regelungen fehlen aber für den Fall, dass Eltern nicht in der Lage sind, ihre elterliche Sorge auszuüben, etwa weil sie im Koma liegen. Die Bestimmungen im Todesfall lassen sich jedoch übertragen.

Das BGB regelt die **elterliche Sorge** (umgangssprachlich Sorgerecht) im Todesfall. Eindeutig sind die Bestimmungen für eheliche Kinder eines verheirateten Paares. Stirbt ein Ehepartner, fällt das Sorgerecht dem verbleibenden Ehepartner und Elternteil zu. Sterben beide, muss das Amtsgericht einen **Vormund** bestimmen. Durch eine Sorgerechtsverfügung haben Eltern Einfluss auf die Auswahl dieses Vormunds. Dasselbe gilt, wenn die Eltern getrennt leben, aber ein gemeinsames Sorgerecht besteht.

Komplizierter wird es, wenn die Eltern getrennt leben und nur ein Elternteil, häufig die Mutter, das Sorgerecht hat. Verstirbt diese, muss das Amtsgericht prüfen, ob „es dem **Wohl des Kindes** dient", wenn der überlebende Elternteil das Sorgerecht erhält. Hierzu muss sich das Gericht ein Bild der familiären Situation machen und, soweit möglich, sowohl Angehörige als auch das Kind befragen. Eine Sorgerechtsverfügung des verstorbenen Elternteils hat in diesem Fall ein großes Gewicht. Kommt das Gericht zu dem Entschluss, dass der verbleibende Elternteil das Sorgerecht nicht ausüben soll, wird ein Vormund bestellt.

→ **GUT ZU WISSEN** Eltern nichtehelicher Kinder können mit einer Sorgeerklärung beim Notar oder Jugendamt das gemeinsame Sorgerecht für ihre Kinder erklären.

Die **Vormundschaft gilt nur für Minderjährige.** Sobald ein Mensch volljährig wird, ist er selbst für sein Handeln verantwortlich. Gibt es Anhaltspunkte dafür, dass ein Volljähriger nicht selbst für sich handeln kann, wird ein gerichtliches Verfahren zur Einrichtung einer gesetzlichen Betreuung eingeleitet (→ **Seite 45 ff.**).

Eine Alternative zur Vormundschaft ist die **Pflegschaft.** So können Kinder beispielsweise während einer schweren Erkrankung der Eltern oder des alleinstehenden Elternteils in einer Pflegefamilie betreut werden. Das Jugendamt entscheidet, ob eine Pflegefamilie geeignet ist.

Sorgerechtsverfügung als Letzter Wille

Im BGB ist außerdem geregelt, dass eine Sorgerechtsverfügung im Rahmen einer letztwilligen Verfügung (in der Regel ist das ein Testament) verfasst werden kann. Daraus folgt, dass die Sorgerechtsverfügung entweder handschriftlich erstellt und anschließend unterschrieben oder notariell beurkundet werden muss.

WISO Verbraucherzentrale

An eine Sorgerechtsverfügung im Todesfall muss sich das Amtsgericht halten, wenn es keinen zweiten Elternteil gibt und keine schwerwiegenden Gründe dagegen sprechen. Versterben beide Eltern nacheinander und haben sie verschiedene Personen in ihrer Sorgerechtsverfügung benannt, gilt die Sorgerechtsverfügung des zuletzt verstorbenen Elternteils.

→ **TIPP** Überlegen Sie gemeinsam mit Ihrem Kind (und dem anderen Elternteil), wer das Sorgerecht übernehmen soll. Prüfen Sie von Zeit zu Zeit, ob die gewählte Person weiterhin passt. Immerhin können sich Lebenssituationen verändern, sodass frühere Entscheidungen eventuell geändert werden müssen.

Haben Kinder bereits das 14. Lebensjahr vollendet, können sie der Wahl eines Vormunds widersprechen. Insofern sollten ältere Kinder von der Sorgerechtsverfügung wissen und die Gelegenheit haben, über den Vormund mitzuentscheiden. Sonst kann es passieren, dass die Sorgerechtsverfügung in der Praxis nicht angewendet wird.

Die Sorgerechtsverfügung zu Lebzeiten

Bisher gibt es keine gesetzliche Regelung dafür, dass Eltern für die Zeit vor ihrem Tod eine Sorgerechtsverfügung aufsetzen, wenn sie selbst das Sorgerecht nicht mehr ausüben können. Dennoch kann es sinnvoll sein, eine solche Verfügung zu erstellen, etwa für Zeiten langer Krankheit. Eine solche Erklärung für Lebzeiten sollte sich an den oben beschriebenen Regeln im Todesfall orientieren.

Die Sorgerechtsverfügung wird am besten handschriftlich auf einem gesonderten Blatt erstellt und mit Datum unterschrieben. Es ist hilfreich, wenn die als Vormund gewünschte Person ebenfalls unterschreibt. Wer seine Vorsorgevollmacht ohnehin vom Notar beurkunden lässt, kann die Sorgerechtsverfügung gleich mit beurkunden lassen.

Für das Gericht gibt es keine Verpflichtung, sich an eine Sorgerechtsverfügung für Lebzeiten zu halten. Allerdings muss es sehr genau prüfen, was dem Wohl des Kindes entspricht. Eine gut begründete Sorgerechtsverfügung bietet hier wichtige Anhaltspunkte.

Auch für den Fall, dass das Gericht statt einer Vormundschaft eine (zeitlich und inhaltlich begrenzte) Pflegschaft für richtig hält, helfen die Regelungen aus einer Sorgerechtsverfügung weiter.

→ **WICHTIG** Die Sorgerechtsverfügung in der Vorsorgevollmacht gilt nur zu Lebzeiten. Für den Todesfall müssen Sie dies gesondert im Testament regeln.

Erklärungen und Textbausteine für die Sorgerechtsverfügung (→ Seite 55 ff.):

Auf den **Seite 59** im hinteren Teil des Buches stehen **Textbausteine für eine Sorgerechtsverfügung**. **Erklärungen** zu den jeweiligen Formulierungen finden Sie auf den vorangehenden **Seiten 57 bis 58**.

Das wird in der Sorgerechtsverfügung geregelt

In der Sorgerechtsverfügung können Sie als Eltern festlegen, wer für die Kinder als Vormund oder Pfleger bestimmt werden soll, wenn Sie selbst Ihr Sorgerecht nicht ausüben können. Wichtig ist, nicht nur den Namen der gewünschten Person zu nennen.

Sie sollten auch die Gründe darlegen, warum eine bestimmte Person als Vormund/Pfleger gewählt wurde. Das gilt insbesondere für die Sorgerechtsverfügung zu Lebzeiten, aber auch für den Todesfall.

Das Gericht muss entscheiden, ob die gewünschte Person als Vormund/Pfleger geeignet ist. Ausschlaggebend ist neben dem Willen der Eltern vor allem die persönliche Bindung zum Kind. Regelmäßige Kontakte und gemeinsame Unternehmungen sind daher wichtige Gründe für die Auswahl, ebenso ein gutes Verhältnis zwischen dem Kind und der gewünschten Person. Weitere Pluspunkte sind gute persönliche und wirtschaftliche Verhältnisse, die eine positive Entwicklung des Kindes unterstützen können.

Nennen Sie nach Möglichkeit nicht nur den **Wunschvormund,** sondern auch **eine oder mehrere Ersatzpersonen,** falls die erstgenannte ausfällt oder sich ein über 14-jähriges Kind gegen den Wunschvormund ausspricht. Auch für die Ersatzauswahl sollten Gründe genannt sein.

Gibt es Personen, die auf keinen Fall die Vormundschaft übernehmen sollen, lassen sich diese über die Sorgerechtsverfügung ausschließen. Das sollten Sie ebenfalls mit einer Begründung untermauern.

Die Pflegschaft zur Verwaltung des Nachlasses

Für den Fall, dass Minderjährige ein größeres Vermögen erben sollen, kann im Testament ein Testamentsvollstrecker bestimmt werden **(→ Seite 84).** Der Testamentsvollstrecker übernimmt die Verwaltung des Erbes bis die Erben volljährig sind und selbstverantwortlich über die Verwendung entscheiden können. In der Praxis kommt das vor allem dann vor, wenn Enkel ihre Großeltern beerben sollen. So können (Groß-)Eltern dafür sorgen, dass das Erbe von einer Person ihres Vertrauens verwaltet wird. Selbst wenn vom Amtsgericht ein Vormund für das Kind bestellt wurde, muss ein Testamentsvollstrecker eingesetzt werden, wenn dies im Testament festgelegt ist.

Der Vormund

Der Vormund wird vom Amtsgericht bestellt. In aller Regel wird es einen Vormund bestimmen, der sowohl die Personen- als auch die Vermögenssorge übernimmt. Um seinen Aufgaben gerecht zu werden, muss der Vormund geeignet sein. Das heißt, er muss volljährig und geschäftsfähig sein.

Liegt eine Sorgerechtsverfügung vor, muss das Gericht sich daran halten, sofern das Wohl des Kindes dadurch nicht gefährdet wird. Gibt es keine solche Verfügung, muss das Gericht den mutmaßlichen Willen der Eltern ermitteln. Dazu sollen nahe Angehörige und das Kind selbst befragt werden. Ausschlaggebend für die Entscheidung sind die persönlichen Bindungen des Kindes zum möglichen Vormund sowie dessen wirtschaftliche und persönliche Verhältnisse.

Das Gericht wird zunächst versuchen, eine private, ehrenamtlich tätige Person als Vormund zu finden. Ist niemand im Umfeld des Kindes geeignet oder lehnen diese die Übernahme aus guten Gründen ab, muss das Gericht nach Alternativen suchen. Ähnlich wie bei der gesetzlichen Betreuung können auch bei der Vormundschaft berufsmäßige Vormünder oder anerkannte Vereine die Vormundschaft übernehmen. In Einzelfällen wird die Vormundschaft auch auf das Jugendamt übertragen.

Vormünder unterliegen vergleichbaren Rechten und Pflichten wie gesetzliche Betreuer und werden genauso bezahlt **(→ Seite 50).** Sie müssen dem Gericht regelmäßig Bericht erstatten und, ebenso wie ein Betreuer, für zahlreiche Entscheidungen die Genehmigung des Gerichts einholen.

So finde ich den richtigen Vormund

Das wesentliche Kriterium für einen Vormund ist die Frage, inwieweit diese Person eine **persönliche Bindung zum Kind** hat. Außerdem sollten Sie überlegen, ob Sie dieser Person zutrauen, Ihr Kind bis zu seiner Volljährigkeit zu erziehen.

Der Vormund muss selbst in soliden wirtschaftlichen Verhältnissen leben, um dem Kind einen gesicherten Lebensstandard bieten zu können. Außerdem sollten Sie darauf achten, dass die Person körperlich und geistig in der Lage ist, Ihr Kind zu erziehen. Einerseits sollte der Vormund eine gewisse Lebenserfahrung haben, um schon aufgrund des Alters eine Respektsperson darzustellen. Andererseits darf er aber nicht zu alt sein, damit er im Bedarfsfall noch über viele Jahre als Vormund tätig sein kann. Ideal ist ein Altersunterschied von etwa 20 bis 40 Jahren.

»Dürfen nur Verwandte zum Vormund bestimmt werden?«

Nein! Grundsätzlich kommt jede Person infrage, zu der das Kind eine Bindung hat, also auch Freunde. Der Vormund muss allerdings volljährig und geschäftsfähig sein.

Schauen Sie sich zunächst in Ihrer Familie um. Haben Sie Geschwister, Cousinen/Cousins oder Onkel/Tanten, die selbst Kinder haben? Inwieweit sind Ihre Eltern oder Schwiegereltern noch fit und in der Lage, sich bis zur Volljährigkeit um das Kind zu kümmern? Finden Sie in der Verwandtschaft keine geeignete Person, können Sie sich im Freundeskreis umsehen. Gibt es dort Personen, die das Kind erziehen können? Vielleicht haben sich über gemeinsame Aktivitäten mit den Kindern Freundschaften gebildet.

Besprechen Sie Ihre Wahl mit Ihrem Kind. Ist es zum Zeitpunkt der Bestellung eines Vormunds 14 Jahre alt oder älter, kann es die Wahl ablehnen. Aber auch jüngere Kinder sollten bei der Entscheidung für einen Vormunds einbezogen werden, sobald sie in der Lage sind, den Sachverhalt zu verstehen.

✓ CHECKLISTE
Die Wahl des Vormunds

- ☐ Hat die Person eine persönliche Bindung zum Kind?
- ☐ Ist sie alt genug, um eine Respektsperson sein zu können?
- ☐ Ist sie aber auch jung genug, um das Kind bis zur Volljährigkeit zu begleiten und zu erziehen?
- ☐ Lebt der Wunschvormund in gesicherten wirtschaftlichen Verhältnissen?
- ☐ Kann er dem Kind ein stabiles privates Umfeld bieten?
- ☐ Ist der Wunschvormund körperlich und geistig in der Lage, sich um das Kind zu kümmern?
- ☐ Mag mein Kind diese Person?
- ☐ Fallen mir drei Gründe ein, warum diese Person die richtige ist?

Aufbewahrung und Hinterlegung

Die Sorgerechtsverfügung muss dem Amtsgericht im Original vorliegen. Ist sie Teil des letzten Willens, wird sie entsprechend aufbewahrt und an das Amtsgericht weitergeleitet.

Wer sicher gehen möchte, dass die Verfügung im Ernstfall bereitliegt, kann sie gegen eine geringe Gebühr bei vielen Amtsgerichten hinterlegen. Hinterbleiben nach einem Todesfall minderjährige Kinder ohne Sorgeberechtigte, ist das Gericht verpflichtet, nach einer Sorgerechtsverfügung zu recherchieren.

Für die Hinterlegung einer Sorgerechtsverfügung zu Lebzeiten gilt das eben beschriebene. Sie können die Sorgerechtsverfügung aber auch zu Hause an einem gut auffindbaren Ort aufbewahren, sie einer Vertrauensperson übergeben, sie beim Notar oder in einem öffentlichen Register hinterlegen. Wichtig ist nur, dass die Sorgerechtsverfügung im Fall der Fälle tatsächlich zum Gericht gelangt. Ob ein privates Arrangement ausreicht oder ob kostenpflichtige Angebote sinnvoll sind, hängt vor allem von Ihrem sozialen Netzwerk ab.

→ **TIPP** Falls Sie das Original nicht bei Ihren Unterlagen aufbewahren, sollten Sie dort eine Kopie hinterlegen, auf der steht, wo sich das Original befindet. Der Wunschvormund sollte ein Original oder eine Kopie mit Angaben zum Hinterlegungsort erhalten.

Testament und Erbvertrag

In Deutschland ist genau geregelt, wer im Todesfall erbt. Doch diese gesetzliche Erbfolge stimmt oft nicht mit den eigenen Vorstellungen überein. Wer sicher gehen möchte, dass sein Vermögen in die richtigen Hände kommt, und Streit vermeiden möchte, der sollte unbedingt ein Testament aufsetzen.

**In fünf Schritten
zum Testament**

Wenn Sie sich entschieden haben, ein Testament aufzusetzen, gehen Sie am besten folgendermaßen vor:

1 Ich liste auf, was ich zu vererben habe.

2 Ich überlege, wer mich beerben soll, und ob ich das erzähle.

3 Ich prüfe, ob es sinnvoll ist, jetzt schon Teile meines Vermögens zu verschenken, damit meine Erben keine oder nur wenig Erbschaftsteuer zahlen müssen.

4 Ich bespreche mit meinem Partner, ob wir das Testament gemeinsam aufsetzen oder jeder getrennt für sich.

5 Ich wähle einen sicheren Aufbewahrungsort für mein Testament und überlege, ob ich meinen Erben diesen Ort mitteile.

Wer braucht ein Testament?

Jeder, der sich mit dem Thema Testament beschäftigt, wird sich die Frage stellen, ob er überhaupt ein Testament braucht. Die Antwort lautet: Immer dann, wenn die gesetzliche Erbfolge mit der angedachten persönlichen Nachfolgeplanung nicht übereinstimmt, muss ein Testament errichtet werden.

Ein Testament ist für folgende Personen zu empfehlen, wobei die Auflistung keinen Anspruch auf Vollständigkeit erhebt:

→ Partner, die ohne Trauschein zusammen leben und sich gegenseitig bedenken wollen, denn sie erben aufgrund der gesetzlichen Erbfolge nichts vom anderen.
→ Kinderlose Eheleute, da ansonsten aufgrund der gesetzlichen Erbfolge die Eltern und Geschwister des Verstorbenen miterben.
→ Familien mit minderjährigen Kindern, da andernfalls das Familiengericht bei Vermögensentscheidungen mitspricht.
→ Familien mit behinderten Kindern, da ansonsten die Gefahr besteht, dass der Staat anstelle des behinderten Kindes erbt.
→ Familien mit „schwarzen Schafen", also mit Kindern, die sich in Insolvenz befinden, wodurch das Erbe größtenteils an deren Gläubiger gehen würde.
→ Wenn es Kinder gibt, die sich von der Familie abgewandt haben und nur den Pflichtteil erhalten sollen.
→ Patchworkfamilien, da ansonsten Kinder aus erster Ehe indirekt von ihren Stiefeltern miterben können.
→ In allen Fällen mit Auslandsberührung, wenn sich also das Vermögen im Ausland befindet oder der gewöhnliche Aufenthalt der Familie vorübergehend oder dauerhaft ins Ausland verlegt wurde.
→ Immobilienbesitzer, auch Eigenheimbesitzer, da ansonsten Eigentümergemeinschaften bezüglich eines Hauses entstehen und damit die Gefahr einer Versteigerung droht.
→ Wohlhabende Familien, damit die Erbschaftsteuerfreibeträge für Ehegatten, Kinder und Enkel optimal ausgenutzt werden können.
→ Bei betrieblichem Vermögen im Nachlass, da andernfalls negative steuerliche Folgen drohen.

Ein Testament ist nach deutschem Recht schnell gemacht: Von Gesetzes wegen muss es handschriftlich geschrieben und unterschrieben sein. Es bedarf weder der Hinzuziehung von Zeugen, noch muss das Testament notariell beurkundet werden oder die Unterschrift durch einen Notar beglaubigt sein. Sinnvoll ist, wenn das Testament selbst eine Überschrift wie „Mein Testament", oder „Mein letzter Wille" hat und es zudem mit Ort und Datum versehen ist. Unterschreiben Sie möglichst auf jeder Seite, um spätere Fälschungen zu erschweren. Hat man diese wenigen Punkte berücksichtigt, liegt ein formgültiges Testament vor, das im Erbfall gilt.

→ **WICHTIG** Ein Testament ist nur dann formgültig, wenn es handschriftlich geschrieben und unterschrieben wird. Die Unterschrift sollte möglichst auf jeder Seite erfolgen, um spätere Fälschungen zu erschweren. Geben Sie Ihr Testament am besten in besondere amtliche Verwahrung. Ist eine handschriftliche Fassung zu mühselig, kann das Testament notariell beurkundet werden. In diesem Fall muss nur die notarielle Urkunde unterschrieben werden. Wir raten dringend davon ab, einfach ein Testamentsbeispiel in Form eines Formulars zu übernehmen, da es nicht auf die individuellen Familien- und Vermögensverhältnisse des Verfassers Rücksicht nimmt und daher zu rechtlichen Fehlern und steuerlichen Nachteilen führt.

Schwieriger als die Einhaltung der richtigen Form ist die Frage des Inhalts. Allein im Bürgerlichen Gesetzbuch regeln mehr als 450 Paragraphen die Grundlagen und Feinheiten des deutschen Erbrechts. Bedenkt man, dass dieses Gesetz im wesentlichen Kern seit dem Jahr 1900 in Kraft ist, also noch zu Kaisers Zeiten beschlossen wurde, macht dies das Verständnis vieler Paragraphen nicht leichter. Im Nachfolgenden erhalten Sie einen Überblick über die wesentlichen Aspekte des Erbrechts und die Gestaltungsmöglichkeiten von Testamenten.

Das Wichtigste zum Erbrecht

Wenn ein Erblasser selbst keine Regelungen getroffen hat, gilt automatisch das gesetzliche Erbrecht. Dieses hat jedoch seine Tücken und kann nicht nur Streit unter den Erben, sondern auch mit dem Finanzamt auslösen.

Wenn Sie solchen Ärger vermeiden und sich nicht mit eventuell missliebigen Pflichtteilsberechtigten auseinandersetzen möchten, sollten Sie rechtzeitig planen. In vielen Fällen ist es sinnvoll, Vermögen schon zu Lebzeiten zu übertragen oder ein Testament oder einen Erbvertrag zu erstellen. Vergewissern Sie sich, dass in zivil- und steuerrechtlicher Hinsicht alles wasserdicht ist. Welche Fallstricke es gibt und worauf Sie unbedingt achten sollten, erfahren Sie hier.

→ **WICHTIG** Der Grundsatz, dass deutsche Staatsangehörige nach deutschem Recht beerbt werden, ist hinfällig. Seit Inkrafttreten der EU-Erbrechtsreform am 17.08.2015 gilt das Recht des Ortes, an dem der Erblasser seinen gewöhnlichen Aufenthaltsort hatte.

»Muss man ein Erbe ausdrücklich annehmen?«

Nein! Eine entsprechende Erklärung ist nicht notwendig. Die gesetzlichen Erben treten automatisch an die Stelle des Verstorbenen, das heißt, ihnen gehört nun dessen gesamtes Vermögen. Nur wenn sie die Erbschaft nicht annehmen wollen, weil beispielsweise der Erblasser und damit die Erbschaft überschuldet sind, müssen sie entsprechende Maßnahmen einleiten (→ **Seite 95 f.**). Andernfalls erben sie die Schulden.

Die gesetzliche Erbfolge

Die gesetzliche Erbfolge tritt nur dann ein, wenn der Erblasser weder ein Testament noch einen Erbvertrag hinterlassen hat, diese ungültig sind oder alle testamentarischen Erben ausfallen.

Entscheidend bei der gesetzlichen Erbfolge ist die verwandtschaftliche Nähe zum Verstorbenen. Das Gesetz teilt dabei die Verwandten des Verstorbenen in verschiedene Ordnungen ein:

Erben 1. Ordnung: Abkömmlinge des Erblassers, also Kinder, Enkel, Urenkel etc.
Erben 2. Ordnung: Eltern des Erblassers und deren Abkömmlinge, also neben den Eltern auch Geschwister, Neffen, Nichten etc.
Erben 3. Ordnung: Großeltern des Erblassers und deren Abkömmlinge, also neben den Großeltern auch Onkel, Tanten, Cousin, Cousine etc.
Erben 4. Ordnung: Urgroßeltern des Erblassers und deren Abkömmlinge.
Erben 5. Ordnung: Ururgroßeltern des Erblassers und deren Abkömmlinge und so weiter.

Entsprechend diesen Ordnungen wird nun bestimmt, wer Erbe ist. Zunächst werden nur die Verwandten der 1. Ordnung als Erben berücksichtigt. Ein Verwandter der 1. Ordnung schließt die Verwandten der nachfolgenden Ordnungen aus, das heißt, Verwandte der 2. Ordnung können nur dann erben, wenn es keine Erben der 1. Ordnung gibt. Eltern und Geschwister erben also nur, wenn es keine Kinder, Enkel oder Urenkel gibt, Verwandte der 3. Ordnung erben nur, wenn es keine Verwandte der 2. Ordnung gibt und so weiter. Innerhalb der Verwandtschaftsordnungen wird nach einzelnen Stämmen aufgeteilt. So bildet in der 1. Ordnung jedes Kind einen Stamm, wobei jeder Stamm zu gleichen Teilen erbt. Auch hier gilt, dass der näher verwandte Abkömmling aus einem Stamm den entfernteren von der gesetzlichen Erbfolge ausschließt.

Wenn also der Verstorbene keine Anordnung hinterlassen hat, wie der Nachlass konkret aufgeteilt werden soll, müssen sich die Erben darüber einigen. Die unterschiedlichsten Interessen können aufeinanderstoßen, denn klar ist aufgrund der gesetzlichen Erbfolge nur, wer erbt und welchen Anteil er bekommt, nicht jedoch, wer welche Nachlassgegenstände erhält und wie diese zu bewerten sind. Enthält der Nachlass beispielsweise ein Haus, so kommt es häufig vor, dass ein Teil der Erben das Haus umgehend verkaufen möchte, ein anderer es lieber selbst nutzen würde, während Dritte eine Vermietung für sinnvoll erachten. Aber auch bei kleineren Erbschaftsgegenständen kann es zu großen Zwistigkeiten kommen: Wer bekommt den Familienschmuck, wer welche Möbel? Ein Gegenstand ist in der Regel nicht teilbar, nur ein Erbe kann diesen jeweils als Ganzes bekom-

> **BEISPIEL**
>
> **Die gesetzliche Erbfolge ohne Testament**
>
> Großvater Engel verstirbt, ohne dass er ein Testament gemacht hat. Er hinterlässt seine Ehefrau, mit der er keinen notariellen Ehevertrag abgeschlossen hat, sowie seine Tochter mit drei Kindern. Sein Sohn starb bei einem Autounfall vor Jahren und hinterließ eine Frau und zwei Kinder.
>
> Das Erbe verteilt sich so: Die Ehefrau erbt aufgrund des Ehegattenerbrechts die eine Hälfte des Nachlasses. Die andere Hälfte geht an die beiden Stämme der Kinder: Der Stamm der Tochter, in diesem Fall sie selbst, bekommt ein Viertel. Sie schließt also ihre drei Kinder von der Erbfolge aus. Der Stamm des vorverstorbenen Sohnes bekommt auch ein Viertel. Hier erben dann seine beiden Kinder zu je einem Achtel für ihren verstorbenen Vater.
>
>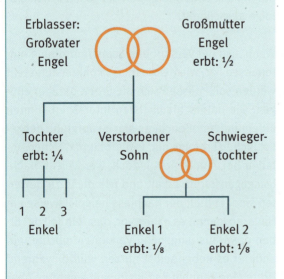

men. Andere Erben werden deshalb auf einem Verkauf bestehen, um den Erlös aufzuteilen. Der Zusammenhalt der Familie wird auf eine harte Probe gestellt, Streit ist nahezu programmiert. Je mehr Erben vorhanden sind, desto komplizierter wird die Situation.

→ **TIPP** Wenn Sie als Erblasser bei der gesetzlichen Erbfolge mit Problemen rechnen, dann empfiehlt es sich dringend, ein Testament oder einen Erbvertrag aufzusetzen.

Nur bei **Erbunwürdigkeit** eines Erben kann das gesetzliche Erb- und auch Pflichtteilsrecht oder eine testamentarische Erbeinsetzung entfallen. Die Voraussetzungen dafür sind gesetzlich geregelt. Demnach ist erbunwürdig,

→ wer den Erblasser vorsätzlich und widerrechtlich getötet oder zu töten versucht hat.
→ wer diesen in einen Zustand versetzt hat, in dessen Folge er bis zu seinem Tod unfähig war, ein Testament zu errichten oder aufzuheben.
→ wer den Erblasser vorsätzlich und widerrechtlich gehindert hat, ein Testament oder einen Erbvertrag zu errichten oder aufzuheben.
→ wer den Erblasser durch arglistige Täuschung oder widerrechtlich durch Drohung dazu bestimmt hat, ein Testament/einen Erbvertrag zu errichten oder aufzuheben.
→ wer sich gegenüber dem Erblasser eines strafbaren Urkundendelikts wie Urkundenfälschung oder Urkundenunterdrückung schuldig gemacht hat.

Die Erbunwürdigkeit tritt nicht automatisch ein. Sie muss innerhalb eines Jahres ab Kenntnis von der Erbunwürdigkeit eines Erben, Vermächtnisnehmers oder Pflichtteilsberechtigten gerichtlich geltend gemacht werden.

Wenn zwei zusammenleben: Das Ehegattenerbrecht

Grundlegende Voraussetzung für das Erbrecht des Ehegatten ist, dass die Ehe mit dem Erblasser zum Zeitpunkt des Erbfalles noch besteht. Der Verstorbene und der Erbe müssen also noch verheiratet sein. Die Ehe darf weder rechtskräftig geschieden, aufgehoben noch für nichtig erklärt worden sein. Hatte der Verstorbene die Scheidung bereits beantragt oder einem Scheidungsantrag zugestimmt, dann greift das Ehegattenerbrecht nicht mehr.

→ **ACHTUNG** Lebten die Ehegatten zum Todeszeitpunkt lediglich getrennt, sei es im gesetzlich vorgeschriebenen Trennungsjahr oder weil sie sich noch nicht zur Scheidung entschlossen hatten, besteht weiterhin ein Anspruch auf den gesetzlichen Erbteil. Das gilt auch dann, wenn die Scheidung vom Gericht abgelehnt wurde.

Wie viel der Ehegatte erbt, richtet sich einerseits danach, zu welcher Erbenordnung die nach der gesetzlichen Erbfolge miterbenden Verwandten gehören, und andererseits nach dem Güterstand, in dem die Ehegatten lebten. Grundsätzlich leben alle Ehegatten im Güterstand der **Zugewinngemeinschaft.** Jede Änderung bedarf eines notariellen Vertrages.

Bei Gütergemeinschaft
Wie viel erbt der Ehegatte, wenn Kinder da sind? Die Grundregel lautet: Neben Verwandten der 1. Ordnung (Kinder des Verstorbenen) erbt der überlebende Ehegatte zu ¼. Die anderen ¾ gehen an die Kinder des Erblassers.

▶ BEISPIEL

Herr und Frau Fuchs sind im Güterstand der Gütergemeinschaft verheiratet und haben zwei Kinder. Wenn einer der Ehegatten verstirbt, erbt der andere ¼ des Vermögens und jedes Kind ⅜.

Bei Gütertrennung

Bestand zwischen den Ehegatten eine notariell vereinbarte Gütertrennung, so erbt der Ehegatte neben ein oder zwei miterbenden Kindern zu gleichen Teilen, das heißt, neben einem Kind bekommt er ½, neben zwei Kindern ⅓ des Nachlasses. Bei drei oder mehr Kindern bleibt es bei der Grundregel, das heißt, einem Erbteil von ¼.

> **BEISPIEL**
>
> Hatten Herr und Frau Fuchs Gütertrennung vereinbart, würde der überlebende Ehegatte ebenso wie beide Kinder ⅓ des Nachlasses beanspruchen können.

Bei Zugewinngemeinschaft

Bestand zum Zeitpunkt des Erbfalls eine Zugewinngemeinschaft, erfolgt der sogenannte Zugewinnausgleich in der Regel durch eine Erhöhung des Erbteils. In diesem Fall erbt der Ehegatte automatisch ein weiteres Viertel und damit neben Erben 1. Ordnung (den Kindern) die Hälfte des Nachlasses. Die anderen Erben teilen sich die andere Hälfte. Die Zugewinngemeinschaft ist für Ehegatten erbrechtlich gesehen also vorteilhaft.

> **BEISPIEL**
>
> Ohne Ehevertrag besteht automatisch Zugewinngemeinschaft, ein Ehegatte erbt daher mit der Quote ½, jedes der beiden Kinder bekommt ¼.

Das Wichtigste zum Erbrecht

So teilt sich das Erbe ohne Kinder auf
Wenn ein Paar keine Kinder hat, aber Eltern und/oder Geschwister, dann sieht es folgendermaßen aus: Gibt es neben dem Ehegatten nur Erben der 2. Ordnung (Eltern und Geschwister), so erbt er ½ des Nachlasses. Bei Zugewinngemeinschaft erhöht sich der Erbteil um ¼, sodass der Ehegatte letztlich ¾ des Vermögens erbt.

> **BEISPIEL**
> Hatten die Eheleute Fuchs keine Kinder und keinen Ehevertrag, erbt ein Ehegatte mit der Quote ¾, die Eltern des Verstorbenen sind Erben 2. Ordnung und bekommen ¼.

Wie viel erbt der Ehegatte, wenn die Ehe kinderlos ist und es keine Eltern und Geschwister mehr gibt?
Leben keine Erben 1. oder 2. Ordnung, dann kommen die Erben 3. Ordnung zum Zuge. Dabei nehmen Großeltern im Gegensatz zu ihren Abkömmlingen eine Sonderstellung ein. Neben den Großeltern erbt der Ehegatte ½ des Vermögens, im Fall der Zugewinngemeinschaft bekommt er ¾ des Erbes. Abkömmlinge der Großeltern (Onkel, Tante, Cousin, Cousine) sind vom Erbe ausgeschlossen, ihr Erbteil fällt voll und ganz an den Ehegatten.

Der überlebende Ehegatte erbt alles, wenn es neben ihm nur Verwandte der 4., 5. oder noch entfernterer Ordnung gibt.

> **BEISPIEL**
> Hatten die Eheleute Fuchs keine Kinder und sind auch die Eltern und Großeltern des verstorbenen Ehegatten bereits verstorben, erbt ein Ehegatte alles, auch wenn der Verstorbene noch Onkel und Tante hatte.

Der sogenannte Voraus
Zusätzlich zu seinem Erbteil hat der überlebende Ehegatte einen Anspruch auf den „Voraus", also auf alle zum ehelichen Haushalt gehörenden Gegenstände vom Besteck bis zur Stereoanlage sowie auf die Hochzeitsgeschenke. Erbt der Ehegatte neben Verwandten der 1. Ordnung, ist dieser Anspruch allerdings beschränkt auf die Gegenstände, die zur Führung eines angemessenen Haushalts erforderlich sind.

Die Erbengemeinschaft: Viele Erben, viel Konfliktpotenzial

Gibt es mehr als einen Erben, spricht man von einer Erbengemeinschaft. Damit steht das Vermögen des Erblassers mit allen Rechten und Pflichten nicht nur einem, sondern mehreren Personen gemeinschaftlich zu. Die Folge ist, dass das Nachlassvermögen gemeinschaftlich verwaltet und nach Begleichung aller Nachlassverbindlichkeiten, zum Beispiel Schulden des Erblassers, Beerdigungskosten, Vermächtnisse und Pflichtteile, unter den Miterben aufgeteilt wird.

→ **TIPP** Unterschiedliche Interessen in einer Erbengemeinschaft führen regelmäßig zu Streit und gerichtlichen Auseinandersetzungen. Daher sollten Sie als Erblasser bei der Testamentsgestaltung Erbengemeinschaften nach Möglichkeit vermeiden oder zumindest einen Testamentsvollstrecker berufen, der sich gewissermaßen als Vertreter des Erblassers darum kümmert, dass alle testamentarisch festgelegten Regelungen erfüllt werden (→ Seite 84).

Erstes Problem: Die Verwaltung des Nachlasses bis zur Aufteilung

Der Nachlass muss während der Dauer der Erbengemeinschaft von allen gemeinschaftlich verwaltet werden. Dabei gilt der Grundsatz, dass alle Miterben ein gleiches Mitspracherecht haben. Alle Miterben sind verpflichtet, an sämtlichen Maßnahmen, die zur ordnungsgemäßen Verwaltung des Nachlasses erforderlich sind, mitzuwirken. Verweigert sich ein Miterbe, kann er zur Mitwirkung gerichtlich verpflichtet werden.

Zu den ordentlichen Verwaltungsmaßnahmen gehören alle laufenden Aufgaben wie der Abschluss von Mietverträgen, die Beauftragung eines Handwerkers für Reparaturen an Nachlassgegenständen, das Beitreiben von Nachlassschulden etc. Nur bei unaufschiebbaren Notmaßnahmen kann auch ein Erbe allein handeln, wenn etwa Gefahr für den Nachlass droht.

BEISPIEL

Schaden am geerbten Mietshaus

Die Erbengemeinschaft der Geschwister Klaus, Peter und Gabi verwaltet im Nachlassvermögen des Vaters ein Mietshaus. Während Klaus und Gabi im Urlaub sind, bricht ein Wasserrohr. Peter beauftragt umgehend einen Installateur mit der Beseitigung des Schadens und in diesem Zusammenhang auch mit einer vollständigen Renovierung des Badezimmers. Die Beseitigung des Wasserschadens durfte von Peter allein in Auftrag gegeben werden, weil es sich um eine Notmaßnahme handelt. Die anschließende Renovierung des ganzen Bades stellt jedoch keine Notmaßnahme dar, hier hätten zunächst alle Miterben ihre Zustimmung geben müssen.

Für die Durchführung einer ordnungsgemäßen Verwaltungsmaßnahme reicht es aus, wenn die Mehrheit der Erben zustimmt. Bei einer Abstimmung zählen jedoch nicht die Anzahl der Miterben, sondern deren jeweilige Erbanteile.

»Kann ein Erbe aus einer Erbengemeinschaft aussteigen?«

Ja, das kann er, indem er seinen kompletten Erbteil veräußert oder verschenkt. Bei einem Erbteilsverkauf steht den Miterben ein Vorkaufsrecht zu. Kein Mitspracherecht haben Miterben aber für den Fall, dass ein Erbteil verschenkt wird.

Die Mehrheit entscheidet

Im Testament wurde bestimmt, dass die Ehefrau ⅔ des Nachlasses erhalten soll, die beiden Kinder jeweils ⅙. Hier verfügt die Ehefrau innerhalb der Erbengemeinschaft also über ⅔ der „Stimmen" und kann ordnungsgemäße Verwaltungsmaßnahmen allein ergreifen.

Während die Erbengemeinschaft den Nachlass verwaltet, fließen alle Einnahmen und Erträge in den Nachlass. Es besteht der Grundsatz, dass diese Einnahmen erst bei der abschließenden Verteilung des Nachlasses an die Erben entsprechend ihren Erbquoten herausgegeben werden. Besteht jedoch eine Erbauseinandersetzung, die länger als ein Jahr andauert, kann jeder Miterbe zum Schluss eines jeden Kalenderjahrs die Verteilung der Erträge abzüglich aller Kosten verlangen.

Sonstige Maßnahmen wie der Verkauf von Nachlassgegenständen können nur einstimmig erfolgen, da dies vorbereitende Maßnahmen zur Auflösung der Erbengemeinschaft sind.

Zweites Problem: Die Auflösung der Erbengemeinschaft

Besteht eine Erbengemeinschaft aufgrund der gesetzlichen Erbfolge, so ist zwar geregelt, mit welcher Quote jeder Erbe am Nachlass beteiligt ist, nicht jedoch, wie die einzelnen Vermögensbestandteile des Nachlasses aufgeteilt werden.

Die schwierige Verteilung von Gegenständen

Die Kinder Julia, Jan und Björn werden gesetzliche Erben ihrer verwitweten Mutter. Rechtlich werden jetzt die drei Kinder Miteigentümer des Hauses ihrer Mutter und an jedem einzelnen Nachlassbestandteil. Das heißt, jedes einzelne Möbelstück und jedes einzelne Messer, jede Gabel, jeder Löffel gehört den Kindern zu gleichen Teilen. Die einzelnen Gegenstände müssen immer einstimmig zwischen den drei Miterben verteilt werden. Bei unterschiedlichen Interessen oder bereits bestehenden Konflikten zwischen den Geschwistern ist hier Streit programmiert.

Ist eine einvernehmliche Aufteilung des Nachlasses und damit die Auflösung der Erbengemeinschaft zwischen den Miterben nicht möglich, besteht nur die Möglichkeit, alle Gegenstände zu ver-

„Verlassen Sie sich nicht auf die gesetzliche Erbfolge, sondern setzen Sie ein Testament auf."

JAN BITTLER Fachanwalt für Erbrecht in Heidelberg und Geschäftsführer der Deutschen Vereinigung für Erbrecht und Vermögensnachfolge (DVEV).

Brauche ich überhaupt ein Testament? Regelt das Gesetz nicht alles?

JAN BITTLER: Wer sich allein auf die gesetzliche Erbfolge einlässt, wird schnell überrascht sein: Zum Teil erben da plötzlich Personen, an die man gar nicht gedacht hatte, und ein Streit über die Verteilung des Nachlasses ist unter gesetzlichen Erben fast schon programmiert. Meine Empfehlung: Auf Seite 61 nachschlagen, ob man zu dem dort genannten Personenkreis gehört und dann bitte auch entsprechend Vorsorge treffen.

Erleben Sie viel Streit unter Erben?

JAN BITTLER: Je wertvoller der Nachlass, desto schneller geraten Geschwister untereinander, Kinder mit ihren Eltern und noch viel öfter Kinder mit ihren Stiefeltern in Streit über den Wert und die Verteilung des Nachlasses.

Kann man als Erblasser diesen Streit verhindern?

JAN BITTLER: Man kann ihn gewiss in vielen Konstellationen vollständig vermeiden, in anderen nur eindämmen und in geordnete gesetzliche Bahnen bringen. Eine juristisch einwandfreie Nachlassregelung ist aber immer hilfreich.

Ist es sinnvoll, sein Erbe zu Lebzeiten zu verschenken?

JAN BITTLER: Mein Standardsatz lautet: Zuerst muss die eigene Altersvorsorge gesichert sein. Wenn dies der Fall ist, können Vermögensübertragungen zu Lebzeiten auch steuerlich sinnvoll sein. Es ist aber immer zu prüfen, ob der Schenker alles aus der Hand geben will oder sich besser doch beschränkte Rechte an den Schenkungen vorbehält, beispielsweise ein Nießbrauch- oder ein Wohnrecht bei einem Haus oder Rückforderungsrechte.

Welchen Tipp haben Sie an all diejenigen, die ein Testament errichten wollen?

JAN BITTLER: Ich kann eine gewisse Tendenz erkennen, dass Testamente immer häufiger mit dem Argument angezweifelt werden, der Verfasser sei nicht mehr testierfähig gewesen. Je zeitiger also ein Testament errichtet wird, desto schneller kann dieser Vorwurf entkräftet werden. Bitte also nicht zögern, die Testamentsfrage anzugehen.

kaufen. Kann sich die Erbengemeinschaft selbst über einen Verkauf nicht einigen, so kann der Nachlass nur noch durch eine **Teilungsversteigerung** durch das Amtsgericht oder einen Pfandverkauf des Gerichtsvollziehers veräußert werden. Besteht der Nachlass danach ausschließlich aus Geldvermögen, kann dieses, nach Abzug aller Kosten, entsprechend der Erbquote unter den Erben verteilt werden.

Deutlich unproblematischer ist eine Auflösung der Erbengemeinschaft, wenn der Erblasser in einem Testament oder im Erbvertrag juristisch einwandfrei und ausdrücklich geregelt hat, wie sein Vermögen aufgeteilt werden soll.

Das Pflichtteilsrecht: Auch Enterbte bekommen einen Anteil

Der Pflichtteil ist der Teil des Erbes, der dem Ehegatten, den Kindern und – wenn keine Kinder oder Enkel vorhanden sind – auch den Eltern des Verstorbenen zusteht, falls diese enterbt wurden. Adoptierte und nicht-eheliche Kinder bekommen ebenfalls einen Pflichtteil, genauso der (gleichgeschlechtliche) eingetragene Lebenspartner.

→ **ACHTUNG** Der Pflichtteilsanspruch verjährt, wenn der Pflichtteilsberechtigte ihn nicht innerhalb von drei Jahren ab dem Ende des Jahres, in dem der Erbfall eintrat und er von dem Erbfall Kenntnis erlangt hat, geltend macht. Verstirbt der Erblasser am 30.11.2016 muss der Pflichtteilsberechtigte seinen Anspruch bis zum 31.12.2019 geltend machen.

Der Pflichtteilsberechtigte hat einen Anspruch auf die Hälfte dessen, was ihm am Vermögen des Verstorbenen nach gesetzlicher Erbfolge zustehen würde. Ein Mitspracherecht, was mit dem Nachlass geschieht, hat er nicht. Ebenso wenig hat er ein Recht, bestimmte Gegenstände zu erhalten. Er bekommt lediglich seinen halben Erbteil in Geld ausgezahlt, nachdem die Beerdigungskosten und die Schulden des Erblassers beglichen sind.

> ▶ **BEISPIEL**
>
> **So berechnet sich der Pflichtteil**
>
> Die Mutter ist bereits früher verstorben. Als auch der Vater verstirbt, vererbt er seiner Lebensgefährtin per Testament sein Haus im Wert von 260.000 Euro, sein Auto im Wert von 30.000 Euro und sein gesamtes Geldvermögen in Höhe von 120.000 Euro. Die Beerdigung kostet 10.000 Euro. Das Gesamtvermögen beläuft sich danach auf 400.000 Euro. Der einzige Sohn, der bei der gesetzlichen Erbfolge das gesamte Vermögen alleine geerbt hätte, geht leer aus. Er bekommt aber seinen Pflichtteil, der die Hälfte des Werts des gesamten Erbes nach Begleichung der Beerdigungskosten ausmacht. Er kann von der Lebensgefährtin also 200.000 Euro fordern.

Es ist nur in seltenen, gesetzlich genau vorgeschriebenen Fällen möglich, einem Pflichtteilsberechtigten seinen Anspruch zu entziehen und ihn ganz vom Erbe auszuschließen. Dies geht bei einem pflichtteilsberechtigten Kind nur, wenn es:

→ dem Erblasser, dem Ehegatten des Erblassers, einem anderen Abkömmling oder einer dem Erblasser ähnlich nahestehenden Person nach dem Leben trachtet,
→ sich eines Verbrechens oder eines schweren vorsätzlichen Vergehens gegen eine der oben bezeichneten Personen schuldig macht,

→ die dem Erblasser gegenüber gesetzlich obliegende Unterhaltspflicht böswillig verletzt oder

→ wegen einer vorsätzlichen Straftat zu einer Freiheitsstrafe von mindestens einem Jahr ohne Bewährung rechtskräftig verurteilt wird und die Teilhabe des Abkömmlings am Nachlass deshalb für den Erblasser unzumutbar ist. Oder wenn die Unterbringung des Abkömmlings in einem psychiatrischen Krankenhaus oder in einer Entziehungsanstalt wegen einer ähnlich schwerwiegenden vorsätzlichen Tat rechtskräftig angeordnet wird.

Diese Entziehungsgründe gelten auch für die Eltern des Erblassers oder dessen Ehegatten.

Um einem Pflichtteilsberechtigten den **Pflichtteil** wirksam zu **entziehen**, genügt es nicht, in einem Testament kurz auf seine Verfehlung hinzuweisen. Vielmehr muss eine detaillierte Schilderung erfolgen. Am sichersten ist es, wenn das Vergehen oder Verbrechen bei der Staatsanwaltschaft oder Polizei aktenkundig gemacht wird. Das ist keine unwiderrufliche Entscheidung. Lag zunächst ein Grund vor, den Pflichtteil zu entziehen, und wurde dieser durch den Erblasser für wirksam erklärt, kann er nachträglich unwirksam werden, wenn der Erblasser dem Pflichtteilsberechtigten verzeiht.

Ergänzend zu dem Pflichtteilsanspruch, steht dem Pflichtteilsberechtigten ein sogenannter **Pflichtteilsergänzungsanspruch** zu. Dieser umfasst nicht nur das im Erbfall vorhandene Vermögen, sondern auch Vermögen, das der Erblasser bereits zu seinen Lebzeiten verschenkt hat. Auf Vermögen, das früher als zehn Jahre vor dem Tod verschenkt wurde, kann jedoch nicht mehr zurückgegriffen werden, es sei denn, die Schenkung ist an den Ehegatten erfolgt oder es handelt sich um keine „echte" Schenkung, weil der Erblasser die verschenkte Sache auch nach der Schenkung noch vollumfänglich selbst nutzte, etwa wegen eines vorbehaltenen Nießbrauchs.

Im Weiteren gilt: Im ersten Jahr nach der Schenkung reduziert sich der Pflichtteilsanspruch um 10 Prozent, im zweiten Jahr um 20 Prozent, im dritten Jahr um 30 Prozent usw., bis nach 10 Jahren ein Pflichtteilsergänzungsanspruch erlöscht.

BEISPIEL

Der Pflichtteilergänzunganspruch an einem Erbe

Der Witwer Herr Schlau hat einen Sohn und eine Tochter. Seinem Sohn hat er im Januar 2009 200.000 Euro geschenkt. Als er im September 2016 verstirbt, tritt zwar die gesetzliche Erbfolge ein, sein Sohn und seine Tochter erben also je zur Hälfte. Im Nachlass befindet sich jedoch kein Vermögen mehr. Die Tochter kann nun ihren Pflichtteilsergänzungsanspruch fordern. Dieser umfasst die Hälfte ihrer gesetzlichen Quote, also ¼. Die Basis für ihre Pflichtteilsberechnung beträgt damit 50.000 Euro. Allerdings reduziert sich der Anspruch um 70 Prozent für die vergangenen Jahre ab der Schenkung. Ihr Zahlungsanspruch beträgt daher lediglich 15.000 Euro.

Die Erbschaftssteuer: Viel Geld für den Staat

Die Erbschafts- und Schenkungssteuerbelastung richtet sich nach der Steuerklasse eines Erwerbers und innerhalb dieser nach der Höhe des steuerpflichtigen Erwerbs. Auf diese Weise wird die Steuerbelastung nach der Verwandtschaftsnähe und innerhalb der Steuerklasse nach der Höhe des steuerlichen Erwerbs abgestuft. Das heißt, ganz allgemein ist der Freibetrag umso höher, je näher das Verwandtschaftsverhältnis zwischen Erbe und Erblasser ist.

Die Steuerklassen (§ 15 ErbStG)
Nach dem persönlichen Verhältnis des Erwerbers zum Erblasser oder Schenker werden drei Steuerklassen unterschieden.

Steuerklasse I:
→ der Ehegatte oder der eingetragene Lebenspartner,
→ die Kinder und Stiefkinder,
→ die Abkömmlinge der Kinder und Stiefkinder,
→ die Eltern und Voreltern bei Erwerben von Todes wegen, also im Erbfall, aber nicht bei Schenkungen.

Steuerklasse II:
→ die Eltern und Voreltern, soweit sie nicht zur Steuerklasse I gehören, also bei Schenkungen,
→ die Geschwister,
→ die Abkömmlinge ersten Grades von Geschwistern,
→ die Stiefeltern,
→ die Schwiegerkinder,
→ die Schwiegereltern,
→ der geschiedene Ehegatte.

Steuerklasse III:
→ alle übrigen Erwerber und Zweckzuwendungen.

Wird eine selbstgenutzte Immobilie vererbt, gilt folgendes weitere Steuerprivileg: Ehegatten, eingetragene Lebenspartner und Kinder erhalten diese zusätzlich zu ihrem persönlichen Freibetrag steuerfrei, wenn sie die Immobilie weitere zehn Jahre selbst bewohnen. Bei Kindern gilt die Einschränkung, dass die Wohnfläche nicht mehr als 200 Quadratmeter betragen darf. Ist sie größer, muss aber nur der darüber liegende Anteil versteuert werden.

Des Weiteren beträgt der Versorgungsfreibetrag für Ehegatten und eingetragene Lebenspartner jeweils 256.000 Euro, für die Kinder je nach Alter 10.300 Euro bis 52.000 Euro. Der Versorgungsfreibetrag wird nur im Erbfall gewährt.

→ **TIPP** Ehegatten und eingetragene Lebenspartner können bis zu 756.000 Euro steuerfrei erben.

Die Steuersätze (§ 19 ErbStG)
Die jeweiligen Steuersätze sind im Erbschaftssteuergesetz festgelegt (§ 19). Der Steuersatz hängt vom Wert des steuerpflichtigen Erwerbs und von der Steuerklasse ab.

WERT DES STEUERPFLICHTIGEN ERWERBS BIS EINSCHLIESSLICH	PROZENTSATZ IN DER STEUERKLASSE		
	I	II	III
75.000 €	7	15	30
300.000 €	11	20	30
600.000 €	15	25	30
6.000.000 €	19	30	30
13.000.000 €	23	35	50
26.000.000 €	27	40	50
über 26.000.000 €	30	43	50

Stand: 30.04.2016

Persönliche Freibeträge (§ 16 ErbStG)

Freibeträge im Überblick

ERWERBER	FREIBETRAG
Ehegatten	500.000 €
Eingetragene Lebenspartner	500.000 €
Kinder	400.000 €
Weitere Abkömmlinge (Enkel)	200.000 €
Übrige Erwerber der Steuerklasse I	100.000 €
Erwerber der Steuerklasse II	20.000 €
Erwerber der Steuerklasse III	20.000 €

Stand: 30.04.2016

So setzen Sie ein Testament und einen Erbvertrag auf

Um ein wirksames Testament oder einen Erbvertrag zu erstellen, dürfen Sie in Ihrer Testierfreiheit nicht eingeschränkt sein und müssen außerdem testierfähig sein. Was das genau heißt, erfahren Sie im folgenden Abschnitt.

Unbeschränkt testierfähig wird man mit Vollendung des 18. Lebensjahrs. Mit der Volljährigkeit kann man jede mögliche Testamentsform ohne Einschränkung für sich auswählen. Ein Minderjähriger ab 16 Jahren kann zwar auch testieren, muss dafür allerdings einen Notar hinzuziehen. Minderjährige unter 16 Jahren können weder ein Testament noch einen Erbvertrag wirksam erstellen. Grundsätzlich ist jeder Mensch testierfähig, es sei denn, er leidet an einer krankhaften Störung des Geisteszustands, einer Geistesschwäche oder einer Bewusstseinsstörung. Ältere Testamentsverfasser, bei denen im Nachhinein Streit über die Testierfähigkeit entstehen könnte, sollten dem vorbeugen, indem sie ein fachärztliches neurologisches Gutachten über ihre Testierfähigkeit erstellen lassen. Es ist ein weitverbreiteter Irrtum zu glauben, beispielsweise ein Notar oder ein Rechtsanwalt könnte die Testierfähigkeit positiv feststellen. Auch die Klausel in einem notariellen Testament, dass der beurkundende Notar sich von der Testierfähigkeit überzeugt hat, schützt nicht vor Streit über die Wirksamkeit des Testaments.

Wenn Sie testierfähig sind, dürfen Sie nach freiem Ermessen entscheiden, ein Testament zu errichten. Eingeschränkt wird dieser Grundsatz durch das Pflichtteilsrecht (→ **Seite 71**). Dieses kann nur dann ausgeschlossen werden, wenn ein Pflichtteilsberechtigter pflichtteilsunwürdig ist. Zusätzliche Einschränkungen ergeben sich aus landesgesetzlichen Regelungen: Zum Beispiel gelten für Personen, von denen der Erblasser abhängig war, Ausnahmen. So dürfen Bewohner eines Alten- oder Pflegeheims die dort beschäftigten Mitarbeiter nicht in ihrem Testament oder Erbvertrag bedenken. Eine weitere Einschränkung gilt, wenn eine wechselbezügliche Verfügung in einem Erbvertrag (→ **Seite 77 ff.**) oder einem gemeinschaftlichen Testament (→ **Seite 76 f.**) besteht und diese bindend geworden ist. Bei einem Erbvertrag gilt diese Bindungswirkung für wechselbezügliche Verfügungen sofort, bei gemeinschaftlichen Testamenten erst dann, wenn einer der Ehegatten verstorben ist.

Die Person, die erben soll, muss vom Verfasser selbst benannt werden. Es ist nicht möglich, dass Sie die Bestimmung des Erben einer dritten Person, zum Beispiel Ihrem Ehegatten, überlassen. Eine Ausnahme hiervon ist nur sehr begrenzt beim Bestimmungsvermächtnis möglich (→ **Seite 79**).

Das Ehegattentestament

Ehepartner und eingetragene (gleichgeschlechtliche) Lebenspartner haben die Möglichkeit, ein gemeinschaftliches Testament zu errichten.

Beispiele für diese Form des Testaments finden Sie auf den Seiten 70 ff., Muster II und III.

Möchten Sie das Testament handschriftlich aufsetzen, muss einer von Ihnen den Text handschriftlich abfassen und unterschreiben, der andere setzt nur seine Unterschrift darunter. Gut ist ein Zusatz wie: „Dies ist auch mein Letzter Wille". Alternativ kann natürlich auch ein Notar ein gemeinschaftliches Testament errichten. Möchten andere Personen, etwa Geschwister, eine ähnliche Wirkungen wie bei einem gemeinschaftlichen Testament erreichen, haben Sie die Möglichkeit, einen notariellen **Erbvertrag** zu schließen.

Zwischen einem gemeinschaftlichen und zwei einzelnen, von jedem Ehegatten selbst geschriebenen Testamenten, besteht folgender Unterschied: Will ein Ehepartner das gemeinschaftliche Testament abändern, so geht dies immer nur in Abstimmung mit dem anderen Ehegatten. Widerspricht der andere einer Änderung, bleibt nur die Möglichkeit, einen Widerruf notariell beurkunden und dem anderen Ehegatten förmlich durch den Gerichtsvollzieher zustellen zu lassen. Damit wird das gemeinschaftliche Testament unwirksam. Eine heimliche Abänderung ist nicht möglich.

Gemeinsam getroffene, wechselbezügliche Verfügungen im Testament, die ein Ehegatte also nur deswegen getroffen hat, weil auch der andere sie vorgenommen hat, kann der länger lebende Ehegatte nicht mehr abändern. Dies nennt man Bindungswirkung. Der zuerst verstorbene Ehegatte hat also eine gewisse Sicherheit, dass der andere kein neues Testament abfasst und die zunächst gemeinsam bestimmten Erben leer ausgehen.

> ▶ **BEISPIEL**
>
> **Verlust der Testierfreiheit**
>
> Die Eheleute Müller errichten ein wirksames gemeinschaftliches Testament, in dem sie sich gegenseitig als Alleinerben und ihre gemeinsamen beiden Kinder als Schlusserben einsetzen. Als Frau Müller verstirbt, heiratet Herr Müller ein zweites Mal. Er kann jetzt kein neues Testament errichten und seine zweite Ehefrau zu seiner Erbin bestimmen. Aufgrund einer gesetzlichen Auslegungsregel sind die gegenseitige Erbeinsetzung der Ehegatten und die anschließende Erbeinsetzung der Kinder nämlich wechselbezüglich und können damit nicht mehr verändert werden. Das Testament der Eheleute Müller wurde bindend, Herr Müller hat damit seine Testierfreiheit verloren. Dies lässt sich durch eine Freistellungsklausel vermeiden (→ **Seite 88**).

Die wichtigste Voraussetzung für ein wirksames Testament ist, dass Sie es mit der Hand schreiben und anschließend unterschreiben. Bei der Abwicklung von Bankkonten kann schon ein solches eindeutiges handschriftliches Testament ausreichen. Sie haben auch die Möglichkeit, ein Testament durch einen Notar errichten zu lassen. Dieses wird dann automatisch amtlich verwahrt. Haben Sie ein notarielles Testament angefertigt, kann dieses unter Umständen im Erbfall einen Erbschein ersetzen (→ **Seite 92 f.**).

> → **GUT ZU WISSEN** In notarieller Form können auch Minderjährige ab 16 Jahren, lese- und schreibunkundige, schreib- und sprechunfähige sowie blinde Menschen ein Testament errichten.

> **BEISPIEL**
>
> **Wechselbezügliche Verfügung: Ehegattentestament**
>
> Die Eheleute Vogel verfassen wie folgt ihr Testament: „Wir setzen uns gegenseitig zu Vollerben ein. Wenn wir beide verstorben sind, dann sollen unsere gemeinsamen Kinder Schlusserben werden." Die hier getroffene Verfügung ist nach gesetzlicher Vermutung eine wechselbezügliche Verfügung und wird damit bindend, sobald der erste Erbfall der beiden Eheleute eintritt. Diese Bindungswirkung kann äußerst problematisch werden, wenn sich die eingesetzten Erben gegenüber dem länger lebenden Ehegatten als undankbar erweisen und sich von ihm abwenden. Dieser hat dann keine Möglichkeit mehr, das einmal abgefasste Ehegattentestament zu ändern.

Um Missverständnisse und Probleme zu vermeiden, sollte immer ausdrücklich geregelt werden, ob eine Bindungswirkung von den Ehegatten gewollt ist oder ob der länger lebende Ehegatte das Testament später verändern darf.

Der Erbvertrag

Ein Erbvertrag ist ein mit dem Erblasser geschlossener Vertrag über ein zukünftiges Erbrecht. Er kann nur vor einem Notar geschlossen werden. Beide Vertragspartner müssen anwesend sein. Ein Erbvertrag kann zu Lebzeiten nicht mehr verändert oder aufgehoben werden, anders als ein Testament, bei dem beides problemlos möglich ist. Lediglich beim Ehegattentestament gilt die Einschränkung, dass dieses nur nach Einverständnis mit dem Ehegatten verändert werden kann. Allerdings gibt es hier die Möglichkeit, das Testament zu widerrufen.

In einem Erbvertrag gilt die Bindungswirkung nur bei einer Erbeinsetzung, einer Vermächtnisanordnung oder der Anordnung von Auflagen. Andere Verfügungen wie Teilungsanordnungen, Pflichtteilsentziehungen oder Testamentsvollstreckungen können zwar vertraglich aufgenommen werden, sie unterliegen jedoch nicht der Bindung und können daher jederzeit widerrufen werden.

Erbverträge können als einseitig oder zweiseitig verpflichtende Verträge abgeschlossen werden. Beim einseitigen Erbvertrag wird beispielsweise ein Erbe eingesetzt, der die Erbeinsetzung annimmt, sich selbst umgekehrt aber nicht dazu verpflichtet, auch den anderen Vertragspartner als Erben einzusetzen. Bei einem zweiseitig verpflichtenden Erbvertrag setzen sich hingegen beide Vertragspartner gegenseitig als Erben ein.

Ein Erbvertrag garantiert nicht, dass das versprochene Erbe im Erbfall vorhanden ist. Der Erblasser wird auch nicht daran gehindert, sein Vermögen zu Lebzeiten zu verschenken. Allerdings darf er dies nur, sofern ein lebzeitiges Eigeninteresse besteht (→ **Seite 101 f.**). Andernfalls muss der Beschenkte dem Vertragserben das Vermögen wieder herausgeben. Ein Erbvertrag ist vor allem für die Erben vorteilhaft.

Erklärungen und Mustertestamente (→ Seite 61 ff.)

Am Ende dieses Buches auf den **Seiten 69 bis 75** zeigen wir **vier Mustertestamente** für verschiedene Familienkonstellationen. Damit Sie nachvollziehen können, warum bestimmte Formulierungen wichtig sind, stehen auf den **Seiten 63 bis 68** zu jedem Mustertestament ausführliche Erklärungen.

Gestaltungsmöglichkeiten für Testamente und Erbverträge

Beim Aufsetzen eines Testaments sollten Sie Ihre individuellen Gegebenheiten sowie Ihre persönlichen, finanziellen und familiären Umstände berücksichtigen. Es bringt nichts, die eigene Lebenssituation in ein bestimmtes Testamentsmodell zu pressen oder gar ein vorgefertigtes Formular blindlings zu übernehmen.

Ändert sich die familiäre oder wirtschaftliche Situation beispielsweise durch die Geburt von Kindern oder durch einen Hauskauf, dann muss dies im Testament berücksichtigt werden.

Bei der Gestaltung des Testaments sollten Sie versuchen, eine Erbengemeinschaft zu vermeiden und einen Alleinerben zu bestimmen. Das bedeutet aber nicht, dass andere Angehörige nichts vom Erbe abbekommen können. Denn es gibt noch viele weitere Möglichkeiten, seinen Nachlass zu verteilen, zum Beispiel mit Vermächtnissen.

→ **TIPP** Verwenden Sie niemals vorgefertigte Formulare für Ihr Testament. Sie können nie die individuelle Situation widerspiegeln.

Vermächtnisse und Teilungsanordnungen: Wer bekommt was?

Mit der Anordnung eines Vermächtnisses können Sie bestimmten Personen einzelne Positionen aus Ihrem Vermögen zuordnen. Ihr Vermächtnisnehmer hat dann einen Anspruch darauf, dass er den Vermächtnisgegenstand erhält. Er wird aber nicht Teil der Erbengemeinschaft mit den daraus entstehenden Rechten und Pflichten, und er wird auch nicht im Erbschein aufgeführt (→ **Seite 68 und 92**). Ein Mitspracherecht über die Verteilung des übrigen Nachlasses hat der Vermächtnisnehmer also nicht. Sein Vorteil besteht darin, dass er nicht abwarten muss, bis sich die Erbengemeinschaft bezüglich der Nachlassverteilung geeinigt hat, sondern sein Vermächtnis sofort nach dem Erbfall von den Erben einfordern kann. Wollen Sie einer Person die unangenehmen Pflichten eines Erben (zum Beispiel die Abwicklung des Nachlasses mit den Miterben) nicht aufbürden oder umgekehrt vermeiden, dass eine bestimmte Person Mitspracherechte in der Erbengemeinschaft erlangt, so ist es sinnvoll, entsprechende Vermächtnisse anzuordnen.

→ **TIPP** Vermächtnisse eignen sich besonders gut, um einzelne Zuwendungen auszusprechen, zum Beispiel an gemeinnützige Organisationen.

Dabei sollten Sie immer einen Ersatzvermächtnisnehmer benennen, der das Vermächtnis für den Fall bekommt, dass der zuerst genannte Vermächtnisnehmer im Erbfall bereits selbst verstorben ist.

Befindet sich ein testamentarisch angeordnetes Vermächtnis nicht mehr im Nachlass, dann hat der Vermächtnisnehmer grundsätzlich kein Recht, dieses zu erhalten. Etwas anderes gilt nur, wenn Sie ausdrücklich ein sogenanntes Verschaffungsvermächtnis angeordnet haben. Ein solches Verschaffungsvermächtnis verpflichtet den Erben, das Vermächtnis für den Vermächtnisnehmer zurückzukaufen oder den Wert des Vermächtnisses zu ersetzen. Sofern auch Pflichtteilsansprüche geltend gemacht werden, kann der Erbe das Vermächtnis entsprechend anteilsmäßig kürzen, um die Pflichtteilsforderung zu erfüllen.

→ **WICHTIG** Soll der Vermächtnisnehmer nicht an der Pflichtteilslast beteiligt werden, müssen Sie dies ausdrücklich im Testament anordnen.

Vermächtnisse eignen sich auch gut als Steuersparmodell, mit dem Sie Personen jeweils in Höhe ihrer erbschaftsteuerlichen Freibeträge etwas zuwenden können. Zum Beispiel können Sie Ihre Kinder als Erben einsetzen und Ihre Enkel zusätzlich mit Vermächtnissen bedenken.

Es gibt unterschiedliche Arten von Vermächtnissen:
- → **Gattungsvermächtnis:** Dem Vermächtnisnehmer wird nicht ein bestimmter Gegenstand, sondern nur eine bestimmte Art von Gegenstand zugesprochen, zum Beispiel ein Auto oder ein Grundstück.
- → **Geldvermächtnis:** Der Vermächtnisnehmer bekommt einen einmaligen Geldbetrag zugesprochen.
- → **Grundstücksvermächtnis:** Dem Vermächtnisnehmer wird ein Grundstück, bebaut oder unbebaut, zugewandt.
- → **Wohnungsrechtvermächtnis:** Der Vermächtnisnehmer bekommt das Recht, eine Wohnung oder ein Haus zu bewohnen. Hier sollten Sie auf alle Fälle regeln, wer die laufenden Nebenkosten tragen soll und ob gegebenenfalls „Miete" an den Eigentümer zu zahlen ist.
- → **Nießbrauchsvermächtnis:** Der Vermächtnisnehmer hat neben dem Wohnrecht auch das Recht, zum Beispiel Mieteinnahmen aus einer Wohnung einzuziehen, wenn er sie nicht selbst bewohnt.
- → **Rentenvermächtnis:** Der Vermächtnisnehmer erhält eine dauerhafte Rente aus dem Nachlass. Hier sollten Sie in jedem Fall regeln, wie lange die Rente läuft und ob sie durch einen Höchstbetrag begrenzt ist.
- → **Vorausvermächtnis:** Hier bekommt ein Erbe zusätzlich zu seinem Erbteil etwas zugewandt. Er muss gegenüber den Miterben keinen Ausgleich für das mehr Erhaltene zahlen, es sei denn, dies ist testamentarisch so geregelt.
- → **Bestimmungsvermächtnis:** Der Erblasser kann es einer dritten Person überlassen, welche von mehreren infrage kommenden Personen ein Vermächtnis erhalten soll.

Entscheiden Sie sich für die Einsetzung einer Erbengemeinschaft, so sollten Sie unbedingt die weitere Verteilung des Nachlasses ordnen. Dies können Sie durch Vermächtnisse regeln oder durch eine sogenannte Teilungsanordnung. Mit einer Teilungsanordnung legen Sie in Ihrem Testament fest, wie einzelne Gegenstände, aber auch Immobilien aus Ihrem Nachlass, unter den Miterben verteilt werden sollen. Sofern Sie keine weiteren Erklärungen abgeben, muss der Empfänger einen Ausgleich an andere Miterben zahlen, falls der ihm zugeteilte Nachlass mehr wert ist als ihm nach der gesetzlichen Erbquote zustehen würde.

> **BEISPIEL**
>
> **Testament mit Teilungsanordnung**
>
> Der verwitwete Vater Herr Lehmann hinterlässt 600.000 Euro. Er setzt seine drei Kinder zu gleichen Teilen als Erben ein. Die Tochter soll sein Einfamilienhaus im Wert von 400.000 Euro bekommen, die beiden Söhne erhalten jeweils einen Bausparvertrag über 100.000 Euro. Die Tochter bekommt in diesem Fall mehr als das Drittel, das ihr wertmäßig als gesetzlichem Erbe zustehen würde. Bei einer Teilungsanordnung muss sie den erhaltenen Wertvorteil mit jeweils 100.000 Euro an ihre Brüder ausgleichen.

Um Auslegungsfragen und Streit unter den Erben zu vermeiden, sollten Sie bei der testamentarischen Verteilung Ihres Vermögens auf verschiedene Miterben unbedingt regeln, ob für den Fall einer wertmäßigen Ungleichbehandlung ein Ausgleich unter den Miterben erfolgen soll.

→ **GUT ZU WISSEN** Ist die Bevorteilung eines Erben gewollt, empfiehlt es sich, ein Vorausvermächtnis anzuordnen. Sprechen Sie einem Miterben dagegen durch eine Teilungsanordnung etwas zu, kann dieser die zugeteilte Sache nur im Einverständnis mit den anderen Miterben aus dem Nachlass entnehmen. Im Zweifel muss er dafür warten, bis sich die Erben über die Verteilung des gesamten Nachlasses einig sind.

Ehegattentestamente: Ein Testament für zwei

Geht es Ihnen vor allem um die Absicherung Ihres Ehegatten, dann bieten sich die drei folgenden Testamentsformen an: das Berliner Testament, die Vor- und Nacherbschaft sowie die Nießbrauchslösung. Alle Modelle folgen demselben Grundschema: Zunächst bestimmen Sie die erbrechtlichen Folgen, wenn der erste Partner verstirbt. Dies wird in aller Regel eine gegenseitige Erbeinsetzung sein, das heißt, Sie und Ihr Ehegatte setzen einander zum Erben des anderen ein. Dann können Sie in einem zweiten Schritt bestimmen, was passieren soll, wenn der länger lebende Ehegatte verstirbt. Typischerweise erben dann die gemeinsamen Kinder.

Das Berliner Testament

Diese in der Praxis oft benutzte Testamentsvariante wird in der Regel dann gewählt, wenn der Ehepartner abgesichert und versorgt werden soll. Bei einem Berliner Testament wird der Ehegatte zum Vollerben. Kinder aus der gemeinsamen Ehe oder Dritte werden sogenannte Schlusserben. Sie erben also erst, wenn der andere Partner ebenfalls verstorben ist. Diese Gestaltungsmöglichkeit wird oft von jungen Familien genutzt. Vorsicht ist geboten, wenn die Familie aus dem Testament herauswächst, das heißt, die Familie selbst oder das Vermögen größer wird. Der verbliebene Ehegatte kann dann durch die Bindungswirkung gefangen sein. Er hat also keine Möglichkeit, das Testament nachträglich zu ändern (→ Seite 76 f.). Außerdem droht eine erhöhte Erbschaftsteuer, weil Freibeträge der Kinder verschenkt werden. Ist nämlich der Ehegatte als Alleinerbe eingesetzt, trägt er allein die gesamte erbschaftsteuerliche Last.

Ein Beispiel für ein Berliner Testament finden Sie auf → Seite 70 f., Muster II.

▶ BEISPIEL

Berliner Testament: Steuern sparen mit einer Vermächtnisanordnung

Der Familienvater Herr Maier hat ein Vermögen von einer Million Euro. Er hinterlässt seine Ehefrau, mit der er in Zugewinngemeinschaft lebte, sowie zwei Kinder aus dieser Ehe. Gemäß dem Berliner Testament wird seine Ehefrau Alleinerbin, die gemeinsamen Kinder werden Schlusserben.

Erbschaftsteuerberechnung:

Erblasservermögen	1.000.000 €
abzüglich persönlicher Ehegattenfreibetrag	– 500.000 €
abzüglich Versorgungsfreibetrag	– 256.000 €
zu versteuernder Erwerb	**= 244.000 €**

Auf die 244.000 Euro muss Frau Maier 11 Prozent Erbschaftsteuer zahlen, also 26.840 Euro. Hätte Herr Maier beide Kinder im ersten Erbfall in Höhe des geltenden Erbschaftsteuerfreibetrags von 400.000 Euro bedacht, beispielsweise durch ein Vermächtnis, wäre keine Erbschaftsteuer angefallen. Es wäre also klug gewesen, die bei der Ehefrau steuerlich noch relevanten 244.000 Euro testamentarisch auf beide Kinder zu verteilen.

Verstirbt Frau Maier kurz nach ihrem Mann, errechnet sich die Erbschaftsteuer pro Kind folgendermaßen:

Erblasservermögen:	500.000
	+ 256.000
	+ 217.160
	= 973.160 €
davon ½ pro Abkömmling:	486.580 €
./. persönlicher Freibetrag:	– 400.000 €
zu versteuernder Erwerb:	**= 86.580 €**

Bei 11 Prozent Erbschaftsteuer muss jedes Kind 9.523,80 Euro an das Finanzamt zahlen. Das Vermögen des verstorbenen Vaters wird damit insgesamt mit 45.887,60 Euro besteuert.
Wäre das Berliner Testament stattdessen um eine Vermächtnisanordnung erweitert worden, hätten die Kinder auch im Erbfall der Mutter keine Erbschaftsteuer zahlen müssen. Steuerersparnis insgesamt: 45.887,60 Euro.

Die Vor- und Nacherbschaft

In diesem Fall setzen sich die Eheleute gegenseitig zu Vorerben und beispielsweise gemeinsame Kinder jeweils zu Nacherben ein. Dadurch wird sowohl eine starke Bindung des Vermögens an die Familie erzielt als auch der Ehepartner wirtschaftlich abgesichert.

Lässt man alle gesetzlich möglichen Beschränkungen des Vorerben bestehen, kann dieser zwar das gesamte Erbe nutzen und Einnahmen hieraus für sich verwenden, die Substanz bleibt aber für die Kinder erhalten. Das Modell der Vor- und Nacherbschaft kann natürlich auch außerhalb von gemeinschaftlichen Testamenten genutzt werden.

Bestehen innerhalb der Familie Probleme mit einem Kind, weshalb dessen Pflichtteil möglichst gering gehalten werden soll, dann ist die Vor- und Nacherbschaft ein geeignetes Instrument, um den Pflichtteil zu reduzieren. In diesem Fall wird der Ehepartner als Vorerbe eingesetzt, die übrigen Kinder als Nacherben.

Der Grund für den geringeren Pflichtteilsanspruch bei der Vor- und Nacherbschaft liegt darin, dass das ererbte Vermögen nicht mit dem eigenen Vermögen des Vorerben verschmilzt, sondern als Sondervermögen vom Vermögen des Vorerben getrennt bleibt. Deshalb wird das gemeinschaftliche Ehegattentestament mit Vor- und Nacherbschaft auch als Trennungslösung bezeichnet.

> **BEISPIEL**
>
> **Pflichtteil beim Berliner Testament und einer Vor- und Nacherbschaft**
>
> Vater und Mutter Schmidt haben ein Vermögen von je 100.000 Euro. Sie setzen sich gegenseitig in einem Ehegattentestament zu Vorerben und ihre beiden Töchter zu Nacherben ein. Ihr Sohn bekommt ausdrücklich nichts. Die Eltern leben in dem gesetzlichen Güterstand der Zugewinngemeinschaft. Sie haben also keinen Ehevertrag geschlossen. Verstirbt Herr Schmidt, dann erhält der Sohn seinen Pflichtteil mit der Quote $1/12$ aus 100.000 Euro, also 8.333,33 Euro. Im zweiten Erbfall erhält der Sohn dann ebenfalls seinen Pflichtteil aus dem Vermögen von Frau Schmidt mit der Quote $1/6$, also 16.666,66 Euro. Sein Pflichtteil nach dem Tod beider Eltern beträgt insgesamt knapp 25.000 Euro.
>
> Anders sähe es aus, wenn die Eltern das Berliner Testament gewählt und sich gegenseitig als Vollerben und ihre beiden Töchter als Schlusserben eingesetzt hätten **(→ siehe Seite 80).** Hier berechnet sich der Pflichtteil wie folgt: Verstirbt Herr Schmidt, erhält der Sohn auch hier seinen Pflichtteil mit der Quote $1/12$ aus 100.000 Euro, also in Höhe von 8.333,33 Euro. Beim zweiten Erbfall (Frau Schmidt) wird sein Pflichtteil allerdings höher, weil sich das Vermögen von Frau Schmidt um das ererbte Vermögen von Herrn Schmidt auf 191.666,67 Euro erhöht. Der Pflichtteil von $1/6$ beträgt dann 31.944,45 Euro. Insgesamt erhält der Sohn in dieser Variante also einen Pflichtteil in Höhe von 40.277,77 Euro.

→ **TIPP** Da der Ehegatte als beschränkter Vorerbe praktisch nur Verwalter des Vermögens für seine Kinder ist, ihm also keine Gegenstände aus der Erbschaft persönlich gehören, kann es mitunter sinnvoll sein, dieses System zu durchbrechen. Soll der Ehegatte bestimmte Dinge zu seinem persönlichen Eigentum erhalten, kann der Erblasser ein zusätzliches Vorausvermächtnis verfassen. Aber Vorsicht! Da die Nacherben manchmal lange warten müssen, ehe sie Erben werden, stellt sich für sie die Frage, ob sie nicht besser gleich ihren Pflichtteil geltend machen. Sie können dem vorbeugen, indem Sie Pflichtteilsstrafklauseln sowie Vermächtnisanordnungen in das Testament aufnehmen.

Eine Vor- und Nacherbschaft hilft auch, das Vermögen eines Ehepartners vor Pflichtteilsansprüchen von Kindern aus erster Ehe oder unehelichen Kindern des anderen Ehepartners zu schützen. Das ist für **Patchworkfamilien** interessant, die verhindern wollen, dass die Kinder des jeweils anderen Ehegatten miterben.

Allerdings ist zu beachten, dass sowohl der Vorerbe als auch der Nacherbe das ererbte Vermögen jeweils voll versteuern muss. Eine vergleichbare rechtliche Wirkung hat das Nießbrauchsmodell. Es ist steuerlich aber viel günstiger.

Ein Beispiel für eine Vor- und Nacherbschaft finden Sie auf Seite 72 f., Muster III.

Das Nießbrauchsmodell

Bei diesem Modell wird der Ehegatte kein Erbe, er bekommt aber eine – je nach Ausgestaltung mehr oder weniger umfangreiche – wirtschaftliche Absicherung aus dem Nachlass zugesprochen. Erben werden beispielsweise die Kinder, der Ehegatte erhält den Nießbrauch an Teilen oder auch am gesamten Nachlass. Nießbrauch bedeutet, dass dem Ehegatten das Recht eingeräumt wird, sämtliche Nutzungen aus einer Sache, die zum Eigentum anderer gehören (in diesem Fall den Kindern), zu ziehen. Das können neben Zinsen und Dividenden der Erlös aus einer vermieteten Wohnung oder das Recht zur Nutzung eines Hauses sein. Anstelle des Nießbrauchs kann dem Ehegatten auch eine zusätzliche regelmäßige Rentenzahlung oder ein Wohnrecht mit Vermächtnis zugesprochen werden. Sinnvoll ist dieses Modell gegenüber der Vor- und Nacherbschaft aus steuerlicher Sicht: Während der Vorerbe, der letztlich das Nachlassvermögen auch nur nutzen kann, dieses dennoch voll versteuern muss, gilt beim Nießbrauchsmodell: Nur die gezogenen Nutzungen, zum Beispiel Mieteinnahmen, müssen versteuert werden.

BEISPIEL

Pflichtteil für ein uneheliches Kind

Herr und Frau Schumann haben je ein Vermögen von 100.000 Euro. Sie sind verheiratet und haben ein gemeinsames Kind. Herr Schumann hat außerdem ein uneheliches Kind, zu dem er keinen Kontakt pflegt. Wählen beide das Berliner Testament und verstirbt Frau Schumann vor ihrem Mann, erhöht sich dessen Vermögen auf 200.000 Euro. Verstirbt auch Herr Schumann, hat das uneheliche Kind einen Pflichtteilsanspruch mit der Quote ¼ und damit im Wert von 50.000 Euro. Wird Herr Schumann dagegen Vorerbe seiner Frau, das gemeinsame Kind Nacherbe, dann bekommt das nicht-eheliche Kind seinen Pflichtteil nur aus dem Vermögen von Herr Schumann (100.000 Euro). Das entspricht 25.000 Euro.

→ **TIPP** Damit der Ehegatte möglichst unproblematisch an sein Nutzungsrecht kommt, sollte er auch zum Testamentsvollstrecker ernannt werden. So kann er sich das jeweilige Nutzungsrecht selbst einräumen.

Das Behinderten- und Bedürftigentestament: Vorsorge für Dritte

Unter dem Begriff Behinderten- und Bedürftigentestament versteht man eine spezielle Testamentsgestaltung, mit der insbesondere Eltern von behinderten oder überschuldeten Kindern Vorsorge treffen können, damit der Erbteil ihres Kinds nicht vom Sozialhilfeträger oder Gläubigern in Anspruch genommen wird. Andernfalls wird das Kind in der Regel keinen Nutzen von einer Erbschaft haben, weil es einen Großteil oder das gesamte Erbe an den Sozialhilfeträger oder Gläubiger abgeben muss. Mit einer speziellen Konstruktion von Vor- und Nacherbschaft oder mit einer Nießbrauchslösung nebst Anordnung einer Testamentsvollstreckung können Eltern sicherstellen, dass dem Kind nicht das Vermögen selbst, sondern lediglich der Nutzen daraus zufließt.

Ergänzt wird diese Konstruktion durch die Anordnung an den Testamentsvollstrecker, die Nutzungen an der Vorerbschaft dem Kind zukommen zu lassen. Dadurch wird erreicht, dass das Kind regelmäßig Geldbeträge für Dinge bekommt, die von der Sozialhilfe nicht übernommen werden wie aufwendige Hilfsmittel, längere Kuren, Reisen und Ähnliches. Nach derzeitiger Rechtsprechung hat der Sozialhilfeträger keine Möglichkeit, das Kind zu zwingen, sein Erbe auszuschlagen, um so den Pflichtteil überleiten zu können.

→ **ACHTUNG** Verschenken Eltern bereits zu Lebzeiten ihr Vermögen, besteht trotz eines Behindertentestaments für den Sozialhilfeträger die Möglichkeit, Pflichtteilsergänzungsansprüche geltend zu machen.

Ein Beispiel für ein Behinderten- und Bedürftigentestament finden Sie auf Seite 74, Muster IV.

Die Anordnung einer Testamentsvollstreckung

Falls Sie eine Testamentsvollstreckung anordnen, wird der Testamentsvollstrecker im Erbfall sozusagen Ihr Vertreter. Er kümmert sich darum, dass alle testamentarisch festgelegten Regelungen wie Vermächtnisse, Auflagen und Ähnliches erfüllt werden. Im Rahmen einer Testamentsvollstreckung unterscheidet man zwei Aufgabenbereiche: Zum einen können Sie den Testamentsvollstrecker damit beauftragen, dafür zu sorgen, dass der Nachlass entsprechend Ihren Wünschen auf alle Erben, Vermächtnisnehmer etc. verteilt wird. Dies nennt man Abwicklungsvollstreckung. Sie können den Testamentsvollstrecker zum anderen aber auch damit beauftragen, den Nachlass für einen längeren Zeitraum zu verwalten. Eine solche Dauervollstreckung oder Verwaltungsvollstreckung darf maximal 30 Jahre andauern.

Wenn Sie einen Testamentsvollstrecker berufen wollen, müssen Sie dies in Ihrer letztwilligen Verfügung regeln. Der Testamentsvollstrecker muss volljährig und geschäftsfähig sein.
Das Nachlassgericht erfährt im Rahmen der Testamentseröffnung, dass Sie eine Testamentsvollstreckung wünschen, und fordert daraufhin den im Testament benannten Testamentsvollstrecker auf, sein Amt anzunehmen. Dazu besteht keine Verpflichtung. Wenn Sie Wert darauf legen, dass eine bestimmte Person das Amt des Testamentsvollstreckers übernimmt, sollten Sie das vorher mit ihr besprechen.

Sie können ebenfalls im Testament klären, welche Befugnisse der Testamentsvollstrecker im Einzelnen haben soll. Er ist grundsätzlich berechtigt, den gesamten Nachlass in Besitz zu nehmen und im Folgenden über den Nachlass zu verfügen. Er hat die Pflicht, den Nachlass ordnungsgemäß zu verwalten. Das heißt, er muss sein Amt gewissenhaft und sorgfältig führen und das ihm anvertraute Vermögen nicht nur verwahren, sondern möglichst auch vermehren. Schenkungen darf der Testamentsvollstrecker nicht vornehmen, es sei denn, es handelt sich um Anstandsschenkungen wie Geburtstagsgeschenke im üblichen Rahmen. Auch darf der Testamentsvollstrecker keine Geschäfte mit sich selbst schließen, er darf also selbst keine Gegenstände aus dem Nachlass kaufen.

Damit sich die Erben einen Überblick über den Nachlass verschaffen können, muss der Testamentsvollstrecker unverzüglich ein Nachlassverzeichnis erstellen. Während der gesamten Testamentsvollstreckung ist er den Erben auskunfts- und rechenschaftspflichtig. Fügt er den Erben vorsätzlich oder fahrlässig Schaden zu, muss er einen entsprechenden Ersatz auch aus seinem Privatvermögen zahlen.

Für seine Tätigkeit erhält der Testamentsvollstrecker eine Vergütung:
→ Bei einer Abwicklungsvollstreckung bekommt er zwischen 1 und 5 Prozent des Nachlasswerts.
→ Bei einer Dauervollstreckung erhält er zwischen ⅓ Prozent und ½ Prozent vom Wert des Nachlasses pro Jahr oder bis zu 4 Prozent der laufenden Einkünfte aus dem Nachlass.

Um Streit zwischen Erben und Testamentsvollstrecker zu vermeiden, sollten Sie die Vergütung im Testament ausdrücklich regeln. Wenn Sie einen Testamentsvollstrecker einsetzen wollen, ist Folgendes wichtig:
→ Vergewissern Sie sich, dass der Testamentsvollstrecker das Amt annimmt.
→ Benennen Sie dennoch Ersatzpersonen, die alternativ als Testamentsvollstrecker infrage kommen.
→ Vergewissern Sie sich, dass der Testamentsvollstrecker alle Fähigkeiten mitbringt, die sein Amt erfordert.
→ Regeln Sie die Vergütung bereits im Testament, um Streit zu vermeiden.
→ Treffen Sie juristisch klar und eindeutig formulierte Anweisungen.

Ein Beispiel für eine Testamentsvollstreckung finden Sie auf Seite 74, Muster IV.

Die Pflichtteilsstrafklausel: Wer zu früh fordert, verliert

Pflichtteilsstrafklauseln sollen pflichtteilsberechtigte Schlusserben in gemeinschaftlichen Testamenten, in aller Regel also Kinder, davon abhalten, ihren Pflichtteil geltend zu machen, wenn ein Elternteil verstirbt. In diesem Fall sind sie nämlich in der Regel zunächst enterbt. Erst wenn auch der zweite Elternteil stirbt, bekommen sie ihr Erbe. Eine Pflichtteilsstrafklausel droht damit, Schluss- oder Nacherben vom Erbe auszuschließen, wenn sie schon im ersten Erbfall ihren Pflichtteil fordern. Es ist außerdem wirkungsvoll, zusätzlich Vermächtnisse anzuordnen, die nur dann zu erfüllen sind, wenn der Pflichtteil nicht gefordert wird.

→ **TIPP** Wenn Sie damit rechnen, dass Kinder aus der gemeinsamen Ehe ihren Pflichtteil einfordern, ist eine Vor- und Nacherbeneinsetzung empfehlenswert. Hierdurch stellen Sie sicher, dass der Pflichtteilsberechtigte nicht zweifach am Nachlass des vorversterbenden Ehegatten beteiligt ist.

Beispiele für Pflichtteilsstrafklauseln finden Sie auf Seite 71 und 73, Muster II und III.

Die Ersatzerbenregelung

Sie sollten für jeden Erben, den Sie bestimmen, eine Ersatzerbenregelung treffen, um klarzustellen, wer ihn ersetzen soll, wenn er das Erbe nicht antreten kann, zum Beispiel weil er selbst verstorben ist. Das beugt Auslegungsproblemen und damit Rechtsstreitigkeiten unter den Erben vor. Der Ersatzerbe erbt nur dann, wenn der an erster Stelle eingesetzte Erbe nicht mehr Erbe werden kann.

Wird kein **Ersatzerbe** benannt, so erfolgt eine sogenannte Anwachsung. Damit ist gemeint, dass sich der Erbteil der übrigen Miterben entsprechend ihrer Erbquote vergrößert. Das ist beispielsweise der Fall, wenn ein Miterbe bereits vor dem Erbfall verstorben ist, ein Miterbe die Erbschaft ausgeschlagen (**→ Seite 95**) oder auf sein Erbe verzichtet hat. Der Erbteil der verbliebenen Erben erhöht sich dann um den Erbteil des weggefallenen Erben entsprechend ihrer Anteile. Eine Anwachsung kommt aber nur infrage, wenn der Erblasser diese in seinem Testament nicht ausgeschlossen oder keine Ersatzerben für den Wegfall eines Erben benannt hat.

> **BEISPIEL**
>
> **Anwachsung: Der Erbanteil vergrößert sich**
>
> Herr Kaiser ist Witwer. Er hat zwei Söhne und eine Tochter. In seinem Testament setzt er seine beiden Söhne als Miterben zu gleichen Anteilen ein. Als er bei einem Autounfall gemeinsam mit einem seiner Söhne stirbt, wird der andere Sohn Alleinerbe. Ihm ist der halbe Miteigentumsanteil seines Bruders angewachsen. Der Tochter verbleibt ihr Pflichtteil.

Ein Beispiel für die Ersatzerbenregelung finden Sie auf Seite 73, Muster III.

Auflagen: Verpflichtungen für Erben

Mit einer Auflage können Sie in Ihrem Testament dem Erben oder Vermächtnisnehmer eine Verpflichtung auferlegen, beispielsweise die Grabpflege zu übernehmen, eine Nachbarin regelmäßig zu besuchen, sich um ein Haustier zu kümmern oder ein Grundstück in Ordnung zu halten. Auch können Sie einer ansonsten nicht erbberechtigten Personenvereinigung auf diese Weise etwas zuwenden, zum Beispiel einem Stammtisch oder einem Kaffeekränzchen.

Derjenige, der einen Vorteil durch die Auflage erlangt, hat allerdings keine Möglichkeit, diese zu erzwingen. Er ist darauf angewiesen, dass Erben oder Miterben die Erfüllung der Auflage verlangen, oder dass im Testament eine Person bestimmt ist, die für den Vollzug der Auflage sorgt. Wird die Auflage nicht erfüllt, stehen dem Begünstigten keine Schadenersatzansprüche zu. Um zu gewährleisten, dass eine Auflage eingehalten wird, sollten Sie unbedingt einen Testamentsvollstrecker einsetzen, der sich darum kümmert. Auch sollten Sie Sanktionen einbauen, falls der Verpflichtete der Auflage nicht nachkommt. Sie können zum Beispiel dessen eigene Erb- oder Vermächtniseinsetzung mit der Bedingung verknüpfen, dass er die Auflage erfüllt. Unwirksam ist eine Auflage, die gegen gute Sitten verstößt, etwa wenn angeordnet wird, Straftaten zu begehen.

→ **TIPP** Soll ein Begünstigter auf jeden Fall seine Zuwendung erhalten, ist zu überlegen, ob nicht die Anordnung eines Vermächtnisses sinnvoller ist.

Bedingungen: Kein Erbe ohne Gegenleistung

In einem Testament können Sie anordnen, dass eine Zuwendung oder eine Erbeinsetzung nur unter einer bestimmten Bedingung erfolgt. Sie können das Erbe zum Beispiel daran knüpfen, eine nahestehende Person aufzunehmen, ein Tier zu versorgen, einer wohltätigen Organisation zu spenden und Ähnliches. Wie bei der Auflage gilt auch hier, dass der Begünstigte keinen Anspruch darauf hat, dass die Bedingung tatsächlich vollzogen wird. Allerdings ist der Druck auf den mit der Bedingung beschwerten Erben oder Vermächtnisnehmer höher als bei einer Auflage, da er nur dann in den Genuss seiner Zuwendung kommt, wenn er die ihm auferlegte Bedingung erfüllt. Weigert er sich, entfällt auch sein Erbe oder Vermächtnis.

Die Wiederverheiratungsklausel: Einen neuen Partner raushalten

Mit einer Wiederverheiratungsklausel soll vermieden werden, dass der länger lebende Ehegatte erneut heiratet und der neue Ehegatte oder auch Kinder aus dieser Ehe pflichtteilsberechtigt werden. Dies würde dazu führen, dass neben dem zunächst als Alleinerben eingesetzten Ehepartner der neue Ehepartner oder dessen Kinder aus dieser zweiten Ehe am Nachlassvermögen des zuerst verstorbenen Ehegatten über den Pflichtteilsanspruch teilhaben. Eine Wiederverheiratungsklausel soll also das Nachlassvermögen des zuerst versterbenden Ehegatten zugunsten der Schlusserben schützen. Es ist beispielsweise möglich, den Ehegatten nur solange als Alleinerben einzusetzen, bis dieser sich wieder verheiratet, und den Schlusserben für diesen Zeitpunkt ein Vermächtnis auf die Herausgabe des gesamten Erbes oder ihres gesetzlichen Erbteils einzuräumen.

Haben Ehepartner einander zu Vor- und Nacherben eingesetzt, dann ist der lebende Ehegatte nur Nutznießer des verstorbenen. Es ist also ausgeschlossen, dass Dritte mit Pflichtteilsansprüchen daran teilhaben.

Haben Ehepartner sich zu befreiten Vorerben eingesetzt (damit ist gemeint, dass sie Ererbtes frei veräußern können), kann eine Wiederverheiratungsklausel besagen, dass der noch lebende Ehegatte bei Wiederheirat unbefreiter Vorerbe wird, oder dass der Nacherbfall dann schon eintritt. Als unbefreiter Vorerbe kann der erbende Ehegatte den Nachlass nur noch nutzen, aber nicht mehr veräußern. Ist Ihr Ehegatte Nießbraucher Ihres Nachlasses, so kann ihm dieser bei Wiederheirat entzogen werden.

→ **GUT ZU WISSEN** Unter Juristen wird diskutiert, ob die Wiederverheiratungsklausel möglicherweise sittenwidrig ist. Die Gerichte gehen derzeit nicht davon aus.

Ein Beispiel für eine Wiederverheiratungsklausel finden Sie im Muster III auf Seite 72.

Die Katastrophenklausel: Wenn Ehepartner gleichzeitig sterben

Versterben Sie und Ihr Ehegatte gleichzeitig, ist die gegenseitige Erbeinsetzung in einem gemeinschaftlichen Testament gegenstandslos. Jeder von Ihnen wird gemäß der gesetzlichen Erbfolge von seinen nächsten Verwandten beerbt, es sei denn, Sie haben im Testament eine entsprechende Anordnung getroffen. Problematisch wird es insbesondere dann, wenn Sie und Ihr Ehegatte kurz nacheinander versterben: Dann treten zwei Erbfälle ein. Um Unklarheiten und Streit um die Auslegung zu vermeiden, muss für diese Fälle klar geregelt sein, wie die Erbfolge aussehen soll.

Ein Beispiel für eine Katastrophenklausel finden Sie auf Seite 71, Muster II.

Die Freistellungsklausel: Änderungen möglich

Eine übliche Formulierung für Eheleute lautet: „Wir setzen uns gegenseitig zu Vollerben ein. Wenn der Letzte von uns verstorben ist, dann sollen Schlusserben unsere gemeinsamen Kinder werden." Diese Verfügung entspricht dem Wortlaut nach einer wechselbezüglichen Verfügung. Das hat zur Folge, dass eine Bindungswirkung eintritt: Nach Versterben des ersten Ehegatten kann der länger lebende Partner dieses Testament nicht mehr abändern. Das wird von Ehegatten oft gewünscht, um sicherzustellen, dass neue Lebenspartner oder Ehegatten testamentarisch keine Ansprüche stellen können.

Soll der länger lebende Ehegatte hingegen frei sein und von der gemeinsamen Erbeinsetzung der Kinder zu Schlusserben abweichen dürfen, so muss dies ausdrücklich geregelt werden. Hier bietet sich der Hinweis im Testament an, dass der länger lebende Ehegatte jederzeit neu testieren darf.

Soll vermieden werden, dass in diesem Fall auch Familienfremde erben, beispielsweise neue Lebenspartner oder Ehegatten, kann die Befreiung von der Bindungswirkung wieder eingeschränkt werden. Sinnvoll ist zum Beispiel die Einschränkung, dass Schlusserben immer nur gemeinsame Kinder der Eheleute sein dürfen, die Höhe der jeweiligen Erbteile aber verändert werden kann.

Rechtsanwälte, Notare, Gebühren

Wenn Sie ein Testament abfassen, empfiehlt es sich, rechtlichen Rat bei einem Fachanwalt für Erbrecht oder einem Notar einzuholen. Gleiches gilt, falls es bereits Streit ums Erbe gibt.

Ein Notar muss immer dann eingeschaltet werden, wenn eine notarielle Beurkundungspflicht besteht, zum Beispiel bei Erbverträgen. Rechtsanwälte sind im Gegensatz zu Notaren nicht zur Neutralität verpflichtet. Sie können die Interessen ihres Mandanten, zum Beispiel des Erblassers, bei der Gestaltung von Testamenten und Erbverträgen deshalb weitaus detaillierter herausarbeiten.

Es steht Ihnen frei, sich durch einen Rechtsanwalt oder einen Notar beraten zu lassen. Wichtig ist nur, dass Ihr juristischer Berater ein Spezialist auf seinem Rechtsgebiet ist. Das einzige überprüfbare Kriterium bei der Auswahl eines Erbrechtsberaters ist der Zusatz „Fachanwalt für Erbrecht."

Notare sind bei ihrer Beratung an das Gerichts- und Notarkostengesetz gebunden, auch die Gebühren für eine Amtshandlung des Nachlassgerichts richten sich danach. Für Rechtsanwälte gilt das Rechtsanwaltsvergütungsgesetz (RVG), von dem sie allerdings durch Honorarvereinbarung abweichen dürfen.

Rechtsanwälte, Notare, Gebühren

»Zahlt die Rechtschutzversicherung bei Erbstreitigkeiten die Rechtsanwaltskosten?«

Die meisten Versicherer bieten im Erbfall nur an, die Kosten eines ersten Beratungsgesprächs bei einem Rechtsanwalt zu übernehmen. Manche Rechtsschutzversicherer tragen bei Erbstreitigkeiten zwar nicht die vollen Rechtsanwaltsgebühren, aber durchaus höhere Pauschalen. Policen mit einer vollen Deckung aller Kosten gibt es jedoch kaum. Zudem übernehmen einige Rechtsschutzversicherungen Pauschalen für eine vorsorgende Beratung, beispielsweise für eine Testamentserrichtung.

→ **TIPP** Bevor Sie einen Rechtsanwalt beauftragen, sollten Sie sich stets nach den Gebühren erkundigen, um gegebenenfalls ein Honorar zu vereinbaren, das von den Sätzen des Rechtsanwaltsvergütungsgesetzes (RVG) abweicht. Ein erstes Beratungsgespräch in erbrechtlichen Angelegenheiten darf bei einem Rechtsanwalt nach RVG maximal 249,90 Euro kosten (Stand 2016). Dieses beinhaltet die Erteilung eines mündlichen oder schriftlichen Rats, nicht jedoch bereits die erste Ausarbeitung eines Testaments oder Vertragsentwurfs.

Bei der Ausarbeitung von Testamenten und Verträgen fallen neben der Erstberatungsgebühr weitere Gebühren an. Das gilt auch, wenn ein Rechtsanwalt im Namen des Mandanten Schriftsätze an dritte Personen verfasst.

Die Tätigkeiten eines Notars oder Rechtsanwalts bestimmen sich immer nach dem Geschäftswert, um den es geht. Geschäftswert ist in aller Regel der Wert Ihres Vermögens zum Zeitpunkt der Testaments- oder Vertragserrichtung. Der Übersicht über das Gerichts- und Notarkostengesetz können Sie entnehmen, wie hoch eine volle 1.0-Notargebühr bei welchem Geschäftswert ist.

Die unterschiedlichen Tätigkeiten eines Notars oder des Nachlassgerichts lösen jeweils verschieden hohe Gebühren aus, wie aus den folgenden Übersichten zu entnehmen ist.

Übersicht über mögliche Gebühren bei Erstellung eines notariellen Testaments:

→ Notarielles Einzeltestament: 1.0 Gebühr
→ Erstellung eines Erbvertrages oder gemeinschaftlichen Testaments: 2.0 Gebühr
→ Ergänzung oder Änderung eines Erbvertrags oder gemeinschaftlichen Testaments: 2.0 Gebühr
→ Ergänzung oder Änderung eines Einzeltestaments: 1.0 Gebühr
→ Aufhebung eines Erbvertrags: 1.0 Gebühr
→ Anfechtung, Rücktritt, Widerruf vom Erbvertrag: 0,5 Gebühr
→ Beurkundung eines Erbverzichts: 2,0 Gebühr

Hinzu kommen Auslagenpauschalen und die Umsatzsteuer.

WISO Verbraucherzentrale

> **BEISPIEL**
>
> **So berechnet sich der Geschäftswert**
>
> Hat der Testamentsverfasser ein Vermögen von 100.000 Euro, beträgt auch der Geschäftswert 100.000 Euro und damit eine volle Gebühr (1.0 Gebühr) bei einem Notar 273 Euro zzgl. Auslagen und Umsatzsteuer.

Übersicht über die Gebühren des Nachlassgerichts:

→ Hinterlegungsgebühr: pauschal 75 Euro zzgl. 15 Euro Gebühr für die Registrierung beim Zentralen Testamentsregister
→ Testamentseröffnungsgebühr: 75 Euro
→ Erteilung eines Erbscheins: 1.0 Gebühr
→ Eidesstattliche Versicherung des Erbscheinantrags: 1.0 Gebühr (Die eidesstattliche Versicherung und damit die Gebühr wird nur in Ausnahmefällen erlassen).

→ **TIPP** Im Internet stehen zahlreiche Gebührenrechner, etwa auf der Webseite der Bundesnotarkammer: http://bnotk.de/Buergerservice/Notarkosten/index.php

Notare werben gerne mit der Aussage, dass mit der Erstellung eines notariellen Testaments die späteren Erbscheingebühren gespart werden können. Dies ist jedoch nur eingeschränkt richtig: Zahlreiche Gerichtsurteile weisen darauf hin, dass ein notarielles Testament nicht als Erbnachweis genügt, wenn beispielsweise statt der ursprünglich genannten Erben Ersatzerben zur Erbfolge gelangen oder das ursprüngliche notarielle Testament durch ein handschriftliches Testament abgeändert wird. Gibt es Streit über das notarielle Testament, beispielsweise weil die Testierfähigkeit des Erblassers angezweifelt wird oder sonstige Unklarheiten bestehen, muss trotz Vorlage eines notariellen Testaments ein Erbscheinverfahren durchlaufen werden. Umgekehrt kann auch ein eindeutiges handschriftliches Testament als Erbnachweis gegenüber einer Bank genügen.

> **BEISPIEL**
>
> **Diese Kosten fallen an**
>
> Die Eheleute Sanchez lassen ein notarielles Testament anfertigen und geben an, dass jeder von ihnen ein Vermögen von rund 125.000 Euro hat. Zusammen sind das 250.000 Euro. Nach der Kostenordnung fallen 2.0 Gebühren für die Anfertigung des Ehegattentestaments an, das entspricht 1.070 Euro. Für die Hinterlegung und Registrierung müssen die Eheleute Sanchez 90 Euro bezahlen. Sollte einer der Eheleute das Testament widerrufen, würde eine halbe Gebühr (0,5 Gebühr) in Höhe von 267,50 Euro anfallen. Ist in dem Testament vorgesehen, dass die Eheleute jeweils Alleinerben des anderen werden, so bemisst sich die Gebühr im Erbfall des Ehegatten nach dem Wert von 125.000 Euro. Sparen sich die Eheleute die Gebühren für das notarielle Testament und machen ein handschriftliches, muss der Längstlebende für einen Erbschein einschließlich einer eidesstattlichen Versicherung 600 Euro zahlen. Die Gebühr für eine Testamentseröffnung beträgt immer 75 Euro, ganz gleich ob ein notarielles oder ein handschriftliches Testament eröffnet wird.

Die Rechtsanwaltsgebühren nach dem RVG ähneln der Kostenordnung der Notare. Sie enthalten aber in der Regel höhere Sätze. Im Gegensatz zu Notaren ist es Rechtsanwälten erlaubt, in Testaments- und Vertragsberatungsfragen individuelle Gebühren mit den Mandanten zu vereinbaren. Wie oben dargestellt, darf ein Rechtsanwalt für ein erstes

Beratungsgespräch nicht mehr als 249,90 Euro verlangen. Für Sie empfiehlt es sich immer, nach den Gebühren zu fragen und eine schriftliche Vereinbarung zu treffen, bevor Sie einen Rechtsanwalt beauftragen. Bei streitigen Gerichtsverfahren muss Ihr Rechtsanwalt über die Kosten aufklären. Bei einer Klage mit einem Streitwert von beispielsweise 100.000 Euro muss derjenige, der die Klage beim Landgericht anhängig macht, zunächst 3.078 Euro Gerichtskosten zahlen. Derjenige, der den Rechtsstreit vor dem Landgericht verliert, muss neben den Gerichtskosten auch die Kosten für die Anwälte tragen. Hier fallen Gesamtkosten in Höhe von 12.068,46 Euro an. Gebühren für Sachverständigengutachten und die Vernehmung von Zeugen kommen im Einzelfall noch hinzu.

Was bei Eintritt eines Erbfalls passiert

Mit einem Todesfall tritt immer der Erbfall ein. Entgegen einer weit verbreiteten Auffassung muss das Erbe jedoch nicht aktiv angenommen werden. Erbe wird man automatisch.

Mit dem Erbfall gehen alle Rechte und Pflichten, die dem Erblasser zustanden, auf die Erben über. Wer erbt, hängt entweder von der gesetzlichen Erbfolge oder von den testamentarischen/erbvertraglichen Anordnungen des Erblassers ab.

Der Todesfall muss durch einen Arzt bestätigt werden, der anschließend einen Totenschein ausstellt. Mit diesem muss der Todesfall dem örtlichen Standesamt spätestens am nächsten Werktag angezeigt werden. Das Standesamt stellt dann eine Sterbeurkunde aus. Parallel hierzu muss die Beerdigung geregelt werden. Dabei hilft in den meisten Fällen ein Bestattungsinstitut. Außerdem müssen die Träger von Lebens- und Unfallversicherungen, die der Erblasser abgeschlossen hatte, binnen 48 Stunden mit einem eingeschriebenen Brief und beigefügter Sterbeurkunde über den Todesfall informiert werden. Die gesetzliche Rentenversicherung und sonstige Versicherungsträger müssen ebenfalls im Lauf einer Woche unter Vorlage einer Sterbeurkunde benachrichtigt werden. Das ist wichtig für die Witwen- bzw. Waisenrente.

Gibt es ein Testament, so ist dieses unverzüglich, das heißt spätestens ein bis zwei Tage nach dem Auffinden, dem Nachlassgericht zu übergeben. Es besteht eine **Ablieferungspflicht.** Wer ein Testament vernichtet, macht sich strafbar. Alle Bankunterlagen des Erblassers müssen gesichtet und sämtliche, zugunsten dritter Personen bestehenden Vollmachten widerrufen werden. Dagegen sollten Sie Verträge, die der Erblasser zu eigenen Gunsten abgeschlossen hatte, möglichst schnell annehmen und die Auszahlung veranlassen. Auch aus Haftungsgründen ist es wichtig, sich möglichst schnell einen Überblick über den Nachlass zu verschaffen. Am besten erstellen Sie ein Nachlassverzeichnis, das alle Aktiva und Passiva, soweit bekannt, aufzeigt.

Versicherungsverträge des Erblassers, beispielsweise Kfz-, Haftpflicht-, und Hausratversicherung sowie Bauspar- oder Leasingverträge, müssen gekündigt werden. Gleiches gilt für Vereinsmitgliedschaften, Abonnements, öffentlich-rechtliches sowie Privatfernsehen, Stadtwerke, Telefon etc. Dazu gehören auch Daueraufträge. Bestand ein Mietvertrag über Wohnraum, so können Ehegatten, Lebenspartner und andere Familienangehörige, die mit dem Verstorbenen das Mietobjekt gemeinsam bewohnten, automatisch in den Mietvertrag eintreten. Wollen sie dies nicht, so besteht ein Sonderkündigungsrecht, das jedoch binnen eines Monats geltend gemacht werden muss.

> ✓ **CHECKLISTE**
>
> **Wichtige Fristen nach einem Todesfall**
> ☐ Todesfall mit Totenschein beim Standesamt anzeigen: spätestens am nächsten Werktag.
> ☐ Träger von Lebens- und Unfallversicherungen informieren: binnen 48 Stunden.
> ☐ Gesetzliche Rentenversicherung und andere Versicherungen informieren: binnen einer Woche.
> ☐ Testament dem Nachlassgericht übergeben: spätestens ein bis zwei Tage nach Auffinden.
> ☐ Wohnung kündigen: binnen eines Monats.

Nachlassgericht und Erbscheinverfahren

Das Nachlassgericht ist für alle Nachlassangelegenheiten wie die Verwahrung von Testamenten und die Erteilung des Erbscheins zuständig. Ansprechpartner ist das Nachlassgericht am letzten Wohnort des Erblassers. Grundsätzlich sind die Amtsgerichte Nachlassgerichte. Eine Ausnahme stellt Baden-Württemberg dar, dort übernehmen Notariate diese Funktion noch bis 2017, dann sind die Amtsgerichte zuständig.

Bei einem Todesfall benachrichtigt das Standesamt automatisch das Nachlassgericht. Das Nachlassgericht überprüft dann, ob ein Testament des Erblassers hinterlegt ist und informiert die ihm bekannten Angehörigen von dem Erbfall. Ist ein Testament hinterlegt oder wird es nach dem Erbfall abgegeben, bestimmt das Nachlassgericht einen Termin zur Eröffnung der letztwilligen Verfügung. Dieser Termin wird in der Regel frühestens sechs Wochen nach dem Erbfall angesetzt. Damit soll allen Beteiligten die Möglichkeit gegeben werden, in den Unterlagen des Erblassers nach weiteren Testamenten zu forschen und diese dem Nachlassgericht vorzulegen. Die Testamentseröffnung selbst erfolgt meist schriftlich, das heißt, allen in Betracht kommenden testamentarischen Erben sowie den gesetzlichen Erben wird ein Testament in Abschrift übersandt.

Besonderheiten bestehen bei der Eröffnung eines gemeinschaftlichen Testaments oder eines Erbvertrags: Hier werden nur die Teile verkündet, die den Erbfall des zuerst Verstorbenen betreffen. Im Interesse des Partners, der noch lebt, wird sein Teil des gemeinschaftlichen Testaments oder Erbvertrages nicht miteröffnet. In der Praxis sieht das dann oftmals so aus, dass den testamentarischen und gesetzlichen Erben ein Testament in Kopie übersandt wird, bei dem die Verfügungen des anderen Ehepartners abgedeckt sind.

Wenn das Testament eröffnet oder kein Testament vorhanden ist und die gesetzliche Erbfolge gilt, nimmt das Nachlassgericht Erbscheinanträge entgegen. Ein Erbschein wird den Erben nur auf Antrag erteilt und ist kostenpflichtig. Durch den Erbschein weisen sie sich als Erben oder Miterben gegenüber dem Grundbuchamt, Banken oder Versicherungen aus. Diese werden in aller Regel nur dann Einblick in die Unterlagen des Erblassers gewähren, wenn der Erbe einen Erbschein vorlegt. Sind mehrere Erben vorhanden, kann aus Kostengründen ein gemeinschaftlicher Erbschein oder ein Teilerbschein beantragt werden.

→ **TIPP** Bei Grundvermögen im Nachlass tragen die Grundbuchämter die Erben binnen zwei Jahren gebührenfrei als neue Eigentümer im Grundbuch ein.

Ein Erbschein ist nicht in allen Fällen erforderlich. Liegt ein notarielles Testament vor, kann dieses in Verbindung mit der Bescheinigung über die Eröffnung des Testaments als Nachweis ausreichen. In undurchsichtigen Fällen und insbesondere dann, wenn der Erblasser Vermögen im Ausland hatte, muss aber trotz des notariellen Testaments der Erbschein vorgelegt werden.

Besteht Streit darüber, wer als Erbe im Erbschein aufzuführen ist, können vor dem Nachlassgericht alle Argumente für und wider die Erbenstellung vorgebracht werden. Hat das Nachlassgericht einen Erbschein unberechtigterweise ausgestellt, kann die Einziehung des falschen Erbscheins, gegebenenfalls auch gerichtlich, verlangt werden.

Wer als gesetzlicher Erbe, also ohne Testament, einen Erbschein beantragt, muss folgende Angaben machen:

→ Zeitpunkt des Todes des Erblassers.
→ Verwandtschaftsverhältnis zum Erblasser.
→ Weitere Personen, die gleichfalls als Erben in Betracht kommen.
→ Angaben dazu, ob etwas von einem Testament bekannt ist.
→ Angaben dazu, ob es einen Rechtsstreit im vorliegenden Erbfall gibt.

Wer als testamentarischer Erbe einen Erbschein beantragt, muss außerdem mitteilen, auf welches Testament oder welchen Erbvertrag er sein Erbrecht bezieht.

→ **WICHTIG** Wenn Sie einen Erbschein beantragen, müssen Sie Ihre Angaben mit Urkunden nachweisen. Sie müssen Sterbe-, Geburts-, Heirats- und Abstammungsurkunden von allen vorhandenen oder vorverstorbenen Verwandten des Erblassers mitbringen.

Ist ein handschriftliches Testament eindeutig formuliert und weist es die Erben zweifelsfrei aus, kann es als Nachweis gegenüber Banken genügen. Bei konkreten und begründeten Zweifeln an der Richtigkeit der testamentarischen Erbfolge kann die Bank aber auf einen Erbschein bestehen.

Sonderproblem: Totenfürsorgerecht, Bestattung und Grabpflege

Das Totenfürsorgerecht ist das Recht, den Ort der letzten Ruhestätte und die Einzelheiten der Beerdigung zu regeln. Hat der Verstorbene zu Lebzeiten hierzu nichts durch einen Grabvorsorgevertrag, in einer Vorsorgevollmacht oder durch ein Testament geregelt, dann liegt das Recht der Totenfürsorge bei den nächsten Angehörigen. Die hier bestehende Rangfolge unter den Angehörigen ist von Bundesland zu Bundesland unterschiedlich, wobei meist folgende Reihenfolge gilt:

→ Ehegatte/Eingetragener gleichgeschlechtlicher Lebenspartner
→ Kinder
→ Eltern
→ Geschwister
→ Nichten/Neffen

Die landesrechtliche Rangfolge greift auch dann, wenn diese Angehörigen nicht Erbe werden. Jedoch liegt die Vermutung nahe, dass bei einem Testament zugunsten anderer Personen, diese dann auch das Totenfürsorgerecht haben sollen.

Da jede menschliche Leiche bestattet werden muss, besteht ein gesetzlicher Bestattungszwang. Grundsätzlich liegt die Pflicht zur Bestattung bei den nächsten Angehörigen. Nur wenn Angehörige nicht zu ermitteln sind, übernimmt die jeweilige Gemeinde oder Stadt die Bestattung. Die Kosten für eine standesgemäße Beerdigung muss der Erbe tragen. Diese Kosten werden als Nachlassverbindlichkeit dem Nachlass entnommen. Standesgemäß sind Beerdigungen, die dem sozialen Status des Verstorbenen, den Verhältnissen und dem örtlichen Brauch gerecht werden und in seinem Kreis üblich sind. Außerdem muss die Bestattung der Leistungsfähigkeit des Nachlasses und der Erben entsprechen.

→ **ACHTUNG** Es existiert keine Regel, die besagt, dass diese Kosten nicht höher als der Nachlass sein dürfen!

Hat ein Totenfürsorgeberechtigter, der nicht Erbe ist, die standesgemäßen Beerdigungskosten bezahlt, kann er diese Auslagen von dem Erben zurückverlangen. Ist der Erbe nicht solvent oder hat er zum Beispiel das Erbe ausgeschlagen, dann müssen die Kosten von den gesetzlich Unterhaltsverpflichteten übernommen werden, also von Ehegatten, Eltern oder Kindern des Verstorbenen. In der Praxis werden die Kosten zunächst von der Stadt oder Gemeinde getragen, die sich dann an die Angehörigen wendet. Als Angehöriger muss man aber nur dann die Beerdigung zahlen, wenn dies nicht grob unbillig ist. Grob unbillig wäre es beispielsweise, wenn der Nachlass des Verstorbenen nicht ausreicht, um die Beerdigungskosten zu decken und die Angehörigen selbst mittellos sind. In diesem Fall haben Angehörige sogar ein Recht darauf, dass die Kosten vom Sozialhilfeträger übernommen werden. Sind die Angehörigen aber selbst vermögend, dann müssen sie auch bei einem verschuldeten Nachlass die Kosten der Beerdigung tragen.

Der Nutzungsberechtigte, in aller Regel der Erwerber einer Grabstätte, bestimmt, welche Personen in der Grabstätte beerdigt werden dürfen, wie das Grab angelegt und gepflegt wird. Er kann sein Nutzungsrecht auf andere übertragen. Aus dem Nutzungsrecht entspringt aber auch die Pflicht, das Grab ständig angemessen zu pflegen und die hierbei entstehenden Kosten zu übernehmen. Daher gilt, dass der Nutzungsberechtigte eines Grabs auch die Kosten für die Grabpflege trägt.

Konflikte entstehen häufig dann, wenn mit dem Versterben des Erwerbers der Grabstätte sein Nutzungsrecht auf die Erben übergeht. Diese treten dann in alle Rechte und Pflichten aus dem mit dem Friedhofsträger abgeschlossenen Vertrag ein.
Kommen die Erben der Grabpflege nicht nach, kann die Friedhofsverwaltung nach vorheriger Aufforderung an die Erben einen Gärtner mit der Grabpflege beauftragen und ihnen die Kosten in Rechnung stellen.

Streit gibt es in der Praxis aber auch dann, wenn Freunde oder Verwandte, die nicht erben, gegen den Willen der Erben das Grab schmücken möchten. Ein typisches Beispiel ist der Blumenschmuck von der langjährigen Geliebten oder die Pflanzschale, die von nicht-ehelichen Kindern oder Kindern aus erster Ehe aufgestellt wird.

→ **TIPP** Wenn Sie Streit befürchten und diesen vermeiden wollen, müssen Sie bereits zu Lebzeiten dafür sorgen, dass alle Angelegenheiten rund um die Beerdigung und die Grabpflege klar und eindeutig geregelt sind und keine Zweifel über das Totenfürsorgerecht bestehen. Hier empfehlen sich schriftliche Anordnungen in einer Vorsorgevollmacht, eine separate Bestattungsverfügung oder ein Bestattungsvorsorgevertrag.

Hat der Verstorbene seine Wünsche nicht hinterlegt, zählt sein „mutmaßlicher Wille". Wie dieser aussieht, muss dann im Zweifel ein Gericht entscheiden.

Schulden im Nachlass – was tun?

Ein Erbe bedeutet nicht nur Vermögen und zahlreiche Rechte. Die Erben müssen auch für Verbindlichkeiten des Erblassers geradestehen. Auf die Erben können drei verschiedene Arten von Schulden zukommen:

→ Hatte der Erblasser zu Lebzeiten Schulden, beispielsweise Darlehensverträge, Bestellungen bei Versandhäusern oder aber geschäftliche Verbindlichkeiten, spricht man von „Erblasserschulden". Für diese Schulden haftet das gesamte ererbte Nachlassvermögen.
→ Außerdem entstehen bei einem Erbfall immer Schulden durch die anfallenden Beerdigungskosten, Kosten für Traueranzeigen, Danksagungen etc. Diese Schulden nennt man „Erbfallschulden". Auch diese müssen aus dem Nachlassvermögen heraus beglichen werden.
→ Die dritte Art von Schulden entsteht, wenn die Erbengemeinschaft im Rahmen der Verwaltung des Nachlasses Verbindlichkeiten eingeht, beispielsweise wenn Handwerker beauftragt werden, um ein im Nachlass befindliches Haus reparieren zu lassen.

Wer sich als Erbe unvorsichtig verhält, muss gegebenenfalls mit seinem Privatvermögen für ererbte Schulden aufkommen. Im Rahmen einer Erbengemeinschaft gilt, dass alle Erben gemeinschaftlich für Nachlassverbindlichkeiten haften. Deshalb ist es wichtig darauf zu achten, dass alle Nachlassverbindlichkeiten und Schulden beglichen sind, bevor die Erbengemeinschaft aufgelöst wird. Wird der Nachlass vorher verteilt, besteht die Gefahr, dass Sie als Erbe mit Ihrem Privatvermögen offene Schulden begleichen müssen. Denn nach der Verteilung haften die Erben persönlich.

→ **TIPP** Falls Sie erben, sollten Sie sich umgehend ein Bild über die Vermögenswerte im Nachlass machen und eine Vermögensübersicht in Form eines Verzeichnisses erstellen. Dieses sollte alle Guthaben und Schulden auflisten.

Stellt sich heraus, dass das Erbe überschuldet ist, können Sie es binnen einer Frist von in der Regel sechs Wochen ab **Erbfall ausschlagen,** am besten direkt gegenüber dem Nachlassgericht. Ansprüche gegen den Erben können grundsätzlich nicht vor Ablauf dieser Ausschlagungsfrist geltend gemacht werden. Reicht die Sechs-Wochen-Frist nicht aus, um sich ein Bild über den Nachlass zu machen, können Sie als Erbe mit der sogenannten Dreimonatseinrede für drei Monate ab Erbfall die Begleichung von Nachlassverbindlichkeiten verweigern.

Zeigt sich danach, dass der Nachlass möglicherweise überschuldet ist, sollten Sie als Erbe ein **Aufgebotsverfahren** beim Nachlassgericht beantragen. Das Aufgebotsverfahren ist ein Mittel, um die Haftung des Erben zu beschränken. Die Haftung wird damit auf den Nachlass begrenzt, wodurch das Privatvermögen geschützt ist. Ein Aufgebotsverfahren muss innerhalb eines Jahres ab Annahme der Erbschaft beantragt werden. Im Rahmen des Verfahrens werden alle Gläubiger aufge-

»Kann ich ein überschuldetes Erbe ausschlagen?«

Ja, dafür haben Sie nach Eintritt des Erbfalls in der Regel sechs Wochen lang Zeit. Und wenn Sie das Erbe annehmen, gibt es Möglichkeiten, die eigene Haftung zu beschränken.

fordert, ihre Forderungen gegenüber dem Nachlass anzumelden. Dadurch kann sich der Erbe einen Überblick verschaffen, ob der Nachlass tatsächlich überschuldet ist. Während der Dauer des Verfahrens muss der Erbe keine Nachlassverbindlichkeiten begleichen.

Das **Aufgebotsverfahren** hat das Ziel, innerhalb einer gerichtlich gesetzten Frist alle Gläubiger des Nachlasses zu ermitteln. Versäumt ein Gläubiger diese Frist, führt das nicht dazu, dass seine Forderungen erlöschen. Allerdings kann einem zu spät kommenden Gläubiger die Erschöpfungseinrede entgegengehalten werden. Der Erbe muss dem Gläubiger dann nicht mehr zahlen, als noch im Nachlass vorhanden ist. Sein eigenes Vermögen ist geschützt und kann vom Gläubiger nicht angegriffen werden.

Geht der Erbe zunächst von einem werthaltigen Nachlass aus, und stellt sich später die Überschuldung heraus, kann er eine **unterlassene Ausschlagung** anfechten. Dafür hat er sechs Wochen Zeit ab dem Datum, an dem er von der Verschuldung erfuhr.

Droht eine Überschuldung des Nachlasses, kann der Erbe beim zuständigen Insolvenzgericht, das ist das Amtsgericht am Wohnort des Verstorbenen, außerdem eine **Nachlassinsolvenz** beantragen. Mit einem Insolvenzverfahren erreicht er ebenfalls, dass die Haftung auf das Nachlassvermögen beschränkt wird. Lehnt das Gericht ein Nachlassinsolvenzverfahren ab, weil der Nachlass nicht genügend Werte enthält, kann der Erbe die sogenannte **Dürftigkeitseinrede** erheben. Damit erreicht er, dass er nicht mit seinem eigenen Vermögen für Schulden des Verstorbenen haftet.

Als weiteres Mittel der Haftungsbeschränkung besteht die Möglichkeit, beim Nachlassgericht die **Nachlassverwaltung** zu beantragen. Dafür ist es erforderlich, dass der Nachlass zumindest die Kosten der Nachlassverwaltung decken kann. Das Nachlassgericht bestimmt in diesem Fall einen Nachlassverwalter, der sich anstelle des Erben um den Nachlass kümmert und insbesondere alle Schulden ermittelt und begleicht. Der Nachlassverwalter steht unter der Aufsicht des Nachlassgerichts und muss gegebenenfalls für einzelne Geschäfte eine Genehmigung einholen. Hat er den Nachlass abgewickelt, übergibt er das dann noch vorhandene Vermögen an die Erben. Stellt er fest, dass der Nachlass zahlungsunfähig oder überschuldet ist, muss er umgehend das Nachlassinsolvenzverfahren beantragen.

→ **WICHTIG** Bei allen Haftungsbeschränkungen gilt: Es darf nichts aus dem Nachlass entnommen werden.

Die Erbschaftssteuererklärung: Das Finanzamt fordert seinen Anteil

Zuständig ist das Finanzamt am letzten Wohnsitz des Erblassers. Wohnte der Erblasser im Ausland, dann ist das Finanzamt am Wohnsitz des Erben zuständig. Das Erbschaftssteuergesetz sieht eine Reihe von Anzeigenpflichten vor. Jeder Erwerb, der Erbschafts- oder Schenkungsteuer unterliegt, muss innerhalb von drei Monaten nach Kenntnisnahme dem zuständigen Finanzamt mitgeteilt werden. Eine Anzeige erübrigt sich nur dann, wenn der Erwerb auf einem Testament beruht, das von einem Notar oder einem Gericht eröffnet wurde, und wenn sich aus dem Testament das Verhältnis des Erwerbers zum Erblasser ergibt.

Die Finanzämter werden von den Standesämtern über jeden Todesfall informiert. Da aus der Nachricht in den meisten Fällen nicht hervorgeht, ob der Verstorbene nennenswertes Vermögen vererbt hat, wartet das Finanzamt einige Zeit, ob es von Erben oder sonstigen Erwerbern von Vermögen oder auch von dritter Seite Informationen bekommt. So sind in Erbfällen zum Beispiel auch Vermögensverwahrer, Versicherungsunternehmen, bei denen Lebensversicherungen bestehen, und Banken, bei denen Depots unterhalten werden, anzeigepflichtig. Außerdem informieren sich die Finanzämter untereinander. Hat das Finanzamt von einem Erbfall erfahren, und müssen möglicherweise Steuern bezahlt werden, übermittelt es dem Steuerpflichtigen ein Formular, das dieser unbedingt ausfüllen muss.

Erst die Übersendung des Formulars löst die Pflicht aus, eine Steuererklärung abzugeben.

Ein Testamentsvollstrecker, der das Amt angenommen hat, erhält automatisch alle relevanten Steuerformulare. Gleiches gilt für den Nachlassverwalter. Testamentsvollstrecker und Nachlassverwalter haften für Steuerschulden.

Befinden sich im Nachlass Grundstücke, entscheidet das sogenannte Lagefinanzamt – das ist das Finanzamt, in dessen Bezirk das Grundstück liegt – wie sie bewertet werden. Diese Bewertung stellt einen eigenständigen Verwaltungsakt dar, den man anfechten kann. Wird der Einspruch vom Finanzamt zurückgewiesen, ist eine Klage vor dem Finanzgericht möglich.

→ **WICHTIG** Die Einspruchsfrist beträgt nur einen Monat. Nach dieser Frist wird der sogenannte Grundlagenbescheid des Lagefinanzamts bestandskräftig. Das Finanzamt, das die Erbschaftssteuer festsetzt, ist dann an den Grundlagenbescheid gebunden. Eine spätere Korrektur im Rahmen des Erbschaftssteuerverfahrens ist nicht mehr möglich.

Das Finanzamt setzt die **Erbschaftssteuer** im Rahmen eines sogenannten Erbschaftsteuerbescheids fest. Dagegen können Sie Einspruch einlegen. Beachten Sie, dass dieser Einspruch nicht automatisch die Zahlungspflicht vorläufig aufhebt. Dafür ist ein zusätzlicher Antrag auf Aussetzung der Vollziehung mit einer entsprechenden Begründung erforderlich.

Schenkung und vorweggenommene Erbfolge: Weitergabe zu Lebzeiten

Als Alternative zum Vererben, also der Weitergabe des eigenen Vermögens mit dem Tod, besteht die Möglichkeit, bereits zu Lebzeiten Teile des Vermögens auf die nächste Generation zu übertragen. Dafür gibt es unterschiedliche Wege.

Die Schenkung ist nicht an Gegenleistungen der zukünftigen Erben gebunden. Als Altersvorsorge, aber auch aus steuerlichen Gründen kann es jedoch sinnvoll sein, wenn der künftige Erbe Gegenleistungen erbringt. Bei der Übergabe von Immobilienvermögen sind zum Beispiel die folgenden Gegenleistungen denkbar:

→ Der Übernehmer der Immobilie gewährt dem Übergeber ein **Wohnungsrecht.**
→ Der Übernehmer gewährt dem Übergeber ein **Nießbrauchsrecht.** Neben einem Wohnrecht hat der Übergeber dann zum Beispiel auch die Möglichkeit, Mieteinnahmen für sich zu behalten.
→ Der Übernehmer sichert dem Übergeber Pflege- und sonstige Dienstleistungen zu, etwa eine spätere Grabpflege.
→ Der Übernehmer sichert dem Übergeber eine zusätzliche Rentenzahlung zu.

Wer eine Übertragung zu Lebzeiten in Erwägung zieht, sollte sich unbedingt Rückforderungsrechte vorbehalten, um aktiv werden zu können, falls sich der Beschenkte später als undankbar erweist. Zu den Vorteilen einer Übertragung zu Lebzeiten gehört, dass

→ Schenkungsteuerfreibeträge alle zehn Jahre neu ausgenutzt werden können,
→ durch eine Schenkung oder Übertragung Pflichtteilsansprüche/Pflichtteilsergänzungsansprüche minimiert werden können,
→ Regressansprüche des Sozialhilfeträgers vermieden werden, da Schenkungen nach zehn Jahren nicht mehr zurückgefordert werden dürfen,
→ das Vermögen Kindern beim Aufbau einer eigenen Existenz hilft.

→ **WICHTIG** Übergabeverträge für Immobilien müssen in jedem Fall von einem Notar beurkundet werden, Geldschenkungen und Schenkungen sonstiger beweglicher Gegenstände sind ohne bestimmte formale Anforderungen möglich.

So werden Zuwendungen zu Lebzeiten im Erbfall berücksichtigt

Ob und wie eine Vermögensübertragung in einem späteren Erbfall bei der Verteilung des Nachlasses berücksichtigt wird, hängt von der juristischen Bewertung ab. Denn nicht alle Zuwendungen, insbesondere an die Kinder des Erblassers, müssen bei einem Erbfall gegenüber Geschwistern, die weniger erhalten haben, ausgeglichen beziehungsweise verrechnet werden. Das ist nur der Fall, wenn der Erblasser bei der Schenkung an sein Kind ausdrücklich angeordnet hat, dass im Erbfall ein Ausgleichsbetrag an Geschwister gezahlt werden muss, oder wenn es sich um eine Ausstattung handelt. Als Ausstattung zählen alle Zuwendungen, die ein Kind von seinen Eltern anlässlich der Eheschließung oder zum Erlangen einer eigenen Lebensstellung erhält. Eine typische Ausstattung ist neben der klassischen Aussteuer zur Hochzeit beispielsweise der Zuschuss zur Existenzgründung, sei es in bar oder in Form der Übertragung eines Grundstücks zum Hausbau.

→ **TIPP** Als Erblasser sollten Sie klar festlegen, ob Schenkungen im Erbfall berücksichtigt werden sollen oder nicht. Damit verhindern Sie späteren Streit.

Der Erblasser kann festlegen, welcher Betrag ausgeglichen werden muss. Lässt er den Betrag offen, so gilt der Wert zum Zeitpunkt der Übergabe, bereinigt um die Inflationsrate. Schlimmstenfalls bedeutet ein Ausgleich, dass der Abkömmling, der bereits zu Lebzeiten am meisten erhalten hat, bei der Erbteilung leer ausgeht. Etwas zurückgeben muss er aber nicht.

Besteht eine **Ausgleichspflicht,** so ist für die Wertberechnung der Zeitpunkt maßgeblich, an dem die Zuwendung erfolgte. Wertsteigerungen, wie eine Umwandlung von Acker in Bauland, oder auch erzielte Zinsvorteile dürfen nicht berücksichtigt werden. Es kommt lediglich zu einer Anpassung an den Lebenshaltungskostenindex. Nur Zuwendungen an Kinder sind ausgleichspflichtig, nicht jedoch Zuwendungen an den Ehegatten.

> ▶ **BEISPIEL**
>
> **Ausstattungen werden im Erbfall berücksichtigt**
>
> Der Witwer Herr Ludwig stirbt und hinterlässt als gesetzliche Erben einen Sohn und eine Tochter. Dem Sohn hatte er zu dessen Start in die Selbstständigkeit 50.000 Euro geschenkt, damit dieser eine Schreinerei übernehmen konnte. Die Tochter hatte keine Geldzahlungen erhalten, allerdings ermöglichten ihr die Eltern ein Musikstudium. Beide Kinder streiten nun darüber, ob der Nachlass von 100.000 Euro hälftig aufzuteilen ist oder ob die Zuwendungen auf das vorhandene Nachlassvermögen angerechnet werden müssen.
> Die Zahlung von 50.000 Euro an den Sohn ist hier als Ausstattung zu werten: Sie wurde ihm zum Aufbau seiner Existenz und damit für eine eigene Lebensstellung übergeben. Dieser Betrag ist damit im Erbfall zu berücksichtigen. Die Kosten für das Studium muss sich die Tochter nicht anrechnen lassen, da Ausbildungskosten in einem üblichen Rahmen nicht als Ausstattung zu werten sind. Daher ergibt sich folgende Nachlassaufteilung:
>
> | | |
> |---|---|
> | Nachlass im Erbfall: | 100.000 € |
> | Ausstattung Sohn: | 50.000 € |
> | Nachlass einschließlich Ausstattung: | 150.000 € |
>
> Hiervon erhält jeder ½, die Tochter also 75.000 Euro aus dem Nachlass, der Sohn nur noch 25.000 Euro, da er ja bereits eine Ausstattung in Höhe von 50.000 Euro bekommen hat.

> **BEISPIEL**
>
> **Pflichtteilsanspruch auf Zuwendungen**
>
> Der Familienvater Herr Nolte überträgt seinem Bruder ein Grundstück und bekommt hierfür 50.000 Euro. Der tatsächliche Wert des Grundstücks beträgt auf dem freien Immobilienmarkt aber 200.000 Euro. Hier stehen Leistung und Gegenleistung des Geschäfts in einem auffälligen Missverhältnis: Herr Nolte hat seinem Bruder den Differenzwert am Grundstück in Höhe von 150.000 Euro unentgeltlich zugewandt. Hieran besteht dann ein Pflichtteilsergänzungsanspruch.

Unabhängig von der Frage einer späteren Ausgleichspflicht ist bei Zuwendungen zu Lebzeiten immer zu beachten, dass diese einen **Pflichtteilsergänzungsanspruch** auslösen können. Grundsätzlich führen beispielsweise alle Schenkungen, die zehn Jahre vor dem Erbfall getätigt wurden, zu Ansprüchen der Pflichtteilsberechtigten. Doch es gibt Ausnahmen:

→ Bei Erbfällen, die nach dem 1. Januar 2010 eingetreten sind, reduziert sich für jedes Jahr zwischen Schenkung und Erbfall der Pflichtteilsergänzungsanspruch um 10 Prozent.
→ Kleinere Zuwendungen aus besonderem Anlass wie Geburtstag oder Weihnachten gelten als Anstandsschenkungen und bleiben bei Pflichtteilsergänzungsansprüchen außer Acht.
→ Gleiches gilt für sogenannte Pflichtschenkungen: Das können auch größere Zuwendungen sein bis hin zu einem Grundstück, die eine sittliche Pflicht erfüllen. Beispiele sind Schenkungen als Dank für langjährige unbezahlte Dienste im Haushalt oder für unentgeltliche Pflege oder Versorgung.
→ Auch Ausstattungen führen in aller Regel nicht zu einem Pflichtteilsergänzungsanspruch.
→ Wenn eine Gegenleistung für eine Schenkung erbracht wurde, liegt keine Schenkung vor. Nur wenn die Gegenleistung in einem groben Missverhältnis zu der Schenkung steht, spricht man von einer gemischten Schenkung. Der unentgeltliche Teil eines solchen Geschäfts gilt dann als Schenkung. Darauf besteht ein Pflichtteilsergänzungsanspruch.

Der Pflichtteilsergänzungsanspruch muss gegenüber den Erben geltend gemacht werden. Er wird aus dem Nachlassvermögen gezahlt. Nur, wenn der Nachlass dafür nicht ausreicht, muss der Beschenkte ihn selbst zahlen.

> **BEISPIEL**
>
> **So errechnet sich der Pflichtteilsergänzungsanspruch**
>
> Die Ehefrau Meyer verschenkt sieben Jahre vor ihrem Tod ein Haus an ihre Schwester im Wert von 250.000 Euro. Zum Zeitpunkt des Erbfalls hat dieses einen Wert von 320.000 Euro. Maßgeblich für den Pflichtteilsergänzungsanspruch ist damit der Wert zum Zeitpunkt der Schenkung, in diesem Fall also 250.000 Euro. Dieser Wert wird dann inflationsbereinigt, sodass bei der Berechnung des Pflichtteilsergänzungsanspruchs zunächst von einem Betrag von 260.000 Euro auszugehen ist. Ist der Erbfall vor dem Jahr 2010 eingetreten, so errechnet sich der Pflichtteilsergänzungsanspruch aus 260.000 Euro. Ist der Erbfall nach dem 1. Januar 2010 eingetreten, reduziert sich der Pflichtteilsanspruch um 70 Prozent und ist daher nur noch aus einem Betrag von 78.000 Euro zu errechnen.

Rückabwicklung und Rückforderung

Das Gesetz sieht nur ungenügende Möglichkeiten vor, übergebenes Vermögen zurückzufordern. Verarmt der Schenker nach der Schenkung, so kann er das Verschenkte noch binnen zehn Jahren nach der Schenkung zurückfordern. Lebt der Schenker von Sozialleistungen, kann das Sozialamt eine Rückzahlung verlangen. Allerdings kann sich der Beschenkte dagegen zur Wehr setzen, wenn er für seinen eigenen Unterhalt auf das Geschenk angewiesen ist.

Eine Schenkung kann auch widerrufen werden, wenn sich der Beschenkte durch eine schwere Verfehlung gegenüber dem Schenker oder dessen Angehörige groben Undanks schuldig macht. Das ist meist aber nur dann der Fall, wenn der Beschenkte gegenüber dem Schenker oder dessen Familie straffällig wurde. Bei größeren Vermögensübertragungen, etwa bei Haus- oder Grundstücksübertragungen, sollten Sie deshalb zusätzlich Rückforderungsrechte vertraglich vereinbaren für den Fall, dass

→ der Beschenkte vor dem Schenker verstirbt,
→ der Beschenkte heiratet beziehungsweise sich scheiden lässt, weil kein Elternteil will, dass das Schwiegerkind bei einer Scheidung etwas von dem Geschenkten bekommt,
→ der Beschenkte in Vermögensverfall gerät, etwa verarmt oder Insolvenz anmeldet,
→ der Beschenkte ein Betreuungsfall wird,
→ der Beschenkte vertragliche Verpflichtungen nicht einhält.

So sind Sie als Schenker besser geschützt.

Ein besonderer Rückforderungsanspruch im Erbfall besteht bei solchen Schenkungen, die gegen einen bindend gewordenen Erbvertrag oder gegen ein bindend gewordenes gemeinschaftliches Testament verstoßen (→ Seite 76 ff.). Hier sieht das Gesetz zumindest dann die Möglichkeit vor, die Schenkung zurückzuverlangen, wenn die Schenkung nicht mit einem lebzeitigen Eigeninteresse des Schenkers vorgenommen wurde.

Ein lebzeitiges Eigeninteresse liegt vor, wenn der Schenker aus eigennützigen Zwecken geschenkt hat, um sich vom Beschenkten einen ihm nützlichen Vorteil zu verschaffen. Als lebzeitiges Eigeninteresse gilt es, wenn

→ die Schenkung erfolgte, um die eigene Altersversorgung sicherzustellen oder zu verbessern,
→ durch die Schenkung ein geeigneter Nachfolger für den eigenen Betrieb gehalten werden kann oder
→ durch die Schenkung ein jüngerer Ehepartner an den Schenker gebunden werden soll, um so die eigene Pflege und Betreuung im Alter sichergestellt zu wissen.

Eine aus solcher nachweisbaren Motivation erfolgte Schenkung kann im Erbfall nicht zurückverlangt werden. Eine Schenkung mit lebzeitigem Eigeninteresse sollte daher unbedingt in einem schriftlichen Vertrag festgehalten werden. Im Interesse von Schenker und Beschenktem ist es ratsam, sich juristische Unterstützung zu holen.

BEISPIEL

Wenn die Schenkung gegen das Testament verstößt

Die Eheleute Franz und Elfi Aben verfügen in ihrem Testament: „Wir setzen uns gegenseitig zu Vollerben ein. Wenn der Letzte von uns verstorben ist, dann sollen Schlusserben unsere gemeinsamen Kinder werden. Diese Verfügung ist wechselbezüglich."

Kurz nachdem Franz verstorben ist, verschlechtert sich das Verhältnis der Mutter zu ihren beiden Töchtern. Aus Ärger darüber überschreibt sie ein Haus auf ihren Bruder. Dies können die Töchter zwar nicht verhindern, aber da die Mutter hier von einem bindend gewordenen Ehegattentestament abgewichen ist, können sie beim Tod der Mutter das Haus von ihrem Onkel zurückverlangen. Die Motivation der erfolgten Schenkung, nämlich der Ärger über ein schlechtes Verhältnis zu den Kindern, ist kein lebzeitiges Eigeninteresse, das einen Verstoß gegen das ursprüngliche Testament rechtfertigen würde. Wenn die Eheleute gewollt hätten, dass der Überlebende frei über das ererbte Vermögen verfügen darf, hätten sie das testamentarisch regeln müssen **(→ Seite 76).**

→ **WICHTIG** Der Schenker darf keine Schenkungen ohne lebzeitiges Eigeninteresse vornehmen, er kann jedoch nicht daran gehindert werden. Erst nach seinem Tod können sich die beeinträchtigten Erben gegen eine zu Unrecht erfolgte Schenkung wehren und diese vom Beschenkten zurückfordern.

Adressen, Stichwortverzeichnis, Autoren, Impressum →

Stichwortverzeichnis

A

Altersvorsorge 199
 – betriebliche 200
Abbruch lebensverlängernder Maßnahmen 31
Ablieferungspflicht 91
Amtsgericht 49
Aufbewahrung 22, 35, 49, 58
Aufenthaltsort 38
Aufgabenkreise 49
Auflagen 86
Auflösung Haushalt 37
Ausgleichspflicht 99
Ausstattung 99

B

Bankvollmachten 38, 40
Beatmung, künstliche 12
Bedingungen 87
Behinderten- und Bedürftigentestament 84
Beratungsgespräch 15
Berliner Testament 80 ff.
Berufsbetreuer 47
Beschwerden 50
Bestattung 94
Betreuer 45
Betreuungsgericht 14, 32, 49
Betreuungsverein 15, 27
Betreuungsverfügung 38, 45 ff.
Bevollmächtigter 27
 – mehrere Bevollmächtigte 28
 – Aufgabenbereich 28
Bundesnotarkammer 35
Bundeszentrale für gesundheitliche Aufklärung 24

C, D

Cloud 41
Digitale Welt 40 f.

E

Ehegattenerbrecht 65
Ehegattentestament 76, 80 ff.
Ehepartner 14
Einrichtung einer Betreuung 46
Einwilligungsfähigkeit 21
Eltern 55
Entmündigung 45
Erbe annehmen 63
Erbe ausschlagen 95 f.
Erben 50
Erbengemeinschaft 68
Erbfolge, gesetzliche 63
Erbrecht, gesetzliches 62
Erbschaftssteuer 72, 97
Erbschaftssteuererklärung 97
Erbschein beantragen 93
Erbscheinverfahren 92
Erbunwürdigkeit 64
Erbvertrag
 – aufsetzen 75, 77 ff.
 – schließen 76
Ernährung, künstliche 12
Ersatzerbe 86

F, G

Freiheitsentziehende Maßnahmen 32
Freistellungsklausel 88
Gebühren 88
Geltung über den Tod hinaus 33
Genehmigung 32
Generalvollmacht 31
Geschäftsfähigkeit/ geschäftsfähig 33
Gesetzliche Betreuung 45
Grabpflege 94
Grundstücke/Immobilien 38
Gütergemeinschaft 65
Gütertrennung 66

H

Haftung 30, 38
Hausarzt 15, 20
Heilbehandlung 48
Heim/Pflegeheim 48
Hospiz 16

I, J

Innenverhältnis 31
In-Sich-Geschäfte 33
Jugendamt 53

K

Katastrophenklausel 87
Kinder 55
 – minderjährige 38
Kontrolle 50
Kosten 50

L, N

Letzter Wille 53
Nachlassgericht 92
Nachlassinsolvenz 96
Nachlassverwaltung 96
Nießbrauchsmodell 83
Nießbrauchsrecht 98
Notar 15, 35
notarielle Beurkundung 37

O, P

Organspendeausweis 23 f.
Passwörter 41
Pflege 37
Pflegschaft 53
Pflichtteil entziehen 72
Pflichtteilergänzungs-
 anspruch 72, 100
Pflichtteilsrecht 71
Pflichtteilsstrafklausel 85

R, S

Rückabwicklung 101
Rückforderung 101
Schadenersatzansprüche 30
Schulden 95
Schweigepflicht 32
Sorgerecht 53
Sorgerechtsverfügung 38, 53

T

Teilungsanordnung 78
Teilungsversteigerung 71
Testament aufsetzen 75
Testamentsvollstrecker 42, 84
Transplantationsgesetz 24

U, V

Untervollmacht 28
Vereinbarung im
 Innenverhältnis 33
Vermächtnis 78
Vermögenssorge 50
Vertrauensperson 46
Vollmacht 27
Vollmachtgeber 27
Vor- und Nacherbschaft 82
Voraus 67
Vorausvermächtnis 80
Vormund/Vormundschaft 53
Vormundschaftsgericht 30, 32
Vorsorgevollmacht 27

W, Z

Widerruf 35, 49
Wiederbelebungs-
 maßnahmen 12
Wiederverheiratungsklausel 87
Wille, mutmaßlicher 56
Wohnungsrecht 98
Wunschbetreuer 45
Zugewinngemeinschaft 66

Adressen

**Verbraucherzentrale
Baden-Württemberg e. V.**
Telefon: 07 11/ 66 91-10
www.vz-bawue.de

Verbraucherzentrale Bayern e. V.
Telefon: 0 89/5 39 87-0
www.vz-bayern.de

Verbraucherzentrale Berlin e. V.
Telefon: 0 30/2 14 85-0
www.vz-berlin.de

Verbraucherzentrale Brandenburg e. V.
Telefon: 03 31/2 98 71-0
www.vzb.de

Verbraucherzentrale Bremen e. V.
Telefon: 04 21/1 60 77-7
www.verbraucherzentrale-bremen.de

Verbraucherzentrale Hamburg e. V.
Telefon: 0 40/2 48 32-0
www.vzhh.de

Verbraucherzentrale Hessen e. V.
Telefon: 0 69/97 20 10-900
www.verbraucher.de

**Verbraucherzentrale
Mecklenburg-Vorpommern e. V.**
Telefon: 03 81/2 08 70-50
www.nvzmv.de

Verbraucherzentrale Niedersachsen e. V.
Telefon: 05 11/9 11 96-0
www.vz-niedersachsen.de

**Verbraucherzentrale
Nordrhein-Westfalen e. V.**
Telefon: 02 11/38 09-0
www.verbraucherzentrale.nrw

Verbraucherzentrale Rheinland-Pfalz e. V.
Telefon: 0 61 31/28 48-0
www.vz-rlp.de

Verbraucherzentrale des Saarlandes e. V.
Telefon: 06 81/5 00 89-0
www.vz-saar.de

Verbraucherzentrale Sachsen e. V.
Telefon: 03 41/69 62 90
www.vzs.de

Verbraucherzentrale Sachsen-Anhalt e. V.
Telefon: 03 45/2 98 03-29
www.vzsa.de

**Verbraucherzentrale
Schleswig-Holstein e. V.**
Telefon: 04 31/5 90 99-0
www.vzsh.de

Verbraucherzentrale Thüringen e. V.
Telefon: 03 61/5 55 14-0
www.vzth.de

Verbraucherzentrale Bundesverband e. V.
Telefon: 0 30/2 58 00-0
www.vzbv.de

Die Autorinnen und Autoren

Jan Bittler ist Fachanwalt für Erbrecht und Geschäftsführer der Deutschen Vereinigung für Erbrecht und Vermögensnachfolge. Er ist Mitautor verschiedener Fachbücher zum Erbrecht, etwa dem „Handbuch Testamentsauslegung und -anfechtung" und „Haftungsfallen im Erbrecht". Von ihm stammt das Kapitel „Testament und Erbvertrag" in diesem Buch.

Heike Nordmann ist Expertin für das Thema Pflege und Vorsorge. Sie hat für die Verbraucherzentralen unter anderem die Bücher „Patientenverfügung" und „Gut leben im Heim" geschrieben. Sie ist Co-Autorin des Ratgebers „Demenz" der Stiftung Warentest. Für dieses Buch hat sie die Kapitel zur „Vorsorgevollmacht", „Betreuungsverfügung" und „Sorgerechtsverfügung" verfasst.

Wolfgang Schuldzinski beschäftigt sich als Rechtsanwalt intensiv mit Patientenrechten. Er ist Vorstand der Verbraucherzentrale NRW und hat mehrere Bücher für die Verbraucherzentrale verfasst, unter anderem „Ihr gutes Recht als Patient" und „Patientenverfügung". In diesem Ratgeber hat er das Kapitel „Patientenverfügung" geschrieben.

Carina Frey hat als Journalistin die Interviews in diesem Ratgeber geführt.

Impressum

Herausgeber
Verbraucherzentrale
Nordrhein-Westfalen e. V.
Mintropstraße 27, 40215 Düsseldorf
Telefon: 02 11/38 09-555,
Telefax: 02 11/38 09-235
ratgeber@verbraucherzentrale.nrw
www.verbraucherzentrale.nrw

Mitherausgeber
Verbraucherzentrale
Baden-Württemberg e.V.
Verbraucherzentrale Hamburg e.V.

Adressen → Seite 106

Text
Jan Bittler, Heike Nordmann, Wolfgang Schuldzinski, Carina Frey

Koordination
Frank Wolsiffer

Lektor
Carina Frey, Dietzenbach
www.carinafrey.de

Layout und Satz
Dagmar Herrmann, Bonn
Sibylle in der Schmitten, Meerbusch
www.two-up.de

Umschlaggestaltung
Ute Lübbeke, Köln
www.LNT-design.de

Gestaltungskonzept
Marc Musenberg, Hamburg
www.lichten.com

Bildnachweis
Titelfoto: Fotolia, DragonImages;
Seite 8, oben: Fotolia, contrastwerkstatt;
Seite 8, unten links: stockphoto,
Eva Katalin Kondoros; Seite 8, Mitte
rechts: stockphoto, Mixmike; Seite 8,
unten rechts: stockphoto, Kupicoo;
Seite 19: M. Wüstenhagen

Druck
Himmer GmbH, Augsburg

Gedruckt auf 100 % Recyclingpapier
Redaktionsschluss: September 2016

1. Auflage, September 2016

Dieser Ratgeber ist bisher in der Basis-Reihe der Verbraucherzentrale erschienen, zuletzt in der 3. Auflage 2013.
Er wurde für diese neue Ausgabe grundlegend überarbeitet, erweitert und aktualisiert.

© Verbraucherzentrale NRW, Düsseldorf
Das Werk einschließlich aller seiner Teile ist urheberrechtlich geschützt. Jede Verwertung, die nicht ausdrücklich vom Urheberrechtsgesetz zugelassen ist, bedarf der vorherigen Zustimmung der Verbraucherzentrale NRW. Das gilt insbesondere für Vervielfältigungen, Bearbeitungen, Übersetzungen, Mikroverfilmungen und die Einspeicherung und Verarbeitung in elektronischen Systemen. Das Buch darf ohne Genehmigung der Verbraucherzentrale NRW auch nicht mit (Werbe-)Aufklebern o. Ä. versehen werden. Die Verwendung des Buches durch Dritte darf nicht zu absatzfördernden Zwecken geschehen oder den Eindruck einer Zusammenarbeit mit der Verbraucherzentrale NRW erwecken.

ISBN 978-3-86336-055-9
Printed in Germany

Patientenverfügung

- Fragen zu Ihren persönlichen Vorstellungen
- Erklärungen zu den Textbausteinen
- Textbausteine für die Patientenverfügung

Eine Patientenverfügung sollten Sie immer individuell verfassen, damit sie im Ernstfall anerkannt wird. Deshalb gilt hier: Finger weg von Formularen, denn sie können die individuelle Situation nicht ausreichend widerspiegeln. Sie müssen mindestens zu den Punkten „Wiederbelebungsmaßnahmen", „künstliche Ernährung" und „künstliche Beatmung" eine Entscheidung treffen.

Wir empfehlen, zunächst die Fragen zu den persönlichen Vorstellungen auszufüllen. Das hilft, die eigenen Gedanken zu ordnen. Die Antworten sind ein wichtiger Baustein für die eigentliche Patientenverfügung. Textbausteine hierfür finden Sie auf den **Seiten 11 bis 15.**

Damit Sie besser verstehen, was mit den einzelnen Formulierungen gemeint ist, haben wir Erklärungen zu den Textbausteinen vorangestellt. Trennen Sie diese Seiten am besten heraus und legen Sie die Erklärungen und die Textbausteine neben Ihr Blatt. So sind Sie bestens gerüstet, Ihre eigene Patientenverfügung aufzusetzen.

Für die vorgeschlagenen Textbausteine gilt: Sie sind nur als Formulierungshilfen gedacht und keinesfalls abschließend gemeint. Sie können alles, was Ihnen wichtig ist, zusätzlich festlegen oder Teile weglassen, zumindest zu den drei Punkten „Wiederbelebungsmaßnahmen", „künstliche Ernährung" und „künstliche Beatmung" müssen Sie aber eine Festlegung treffen. Formulieren Sie positive Aussagen negativ um, wenn Sie genau diese Handlung nicht wünschen. Ein Satz wie „Ich möchte künstlich ernährt werden" wird dann zu „Ich möchte NICHT künstlich ernährt werden."

Fragen zu Ihren persönlichen Vorstellungen

1 Medizinische Behandlung

Möchten Sie auf jeden Fall von Ihrem Arzt und Ihren Angehörigen über die Diagnose einer lebensbedrohlichen Krankheit und die realistische noch verbleibende Zeit aufgeklärt werden?

___

In welchen Fällen entbinden Sie Ärzte von ihrer Schweigepflicht?

___

Welche Personen sollen von den Ärzten über Ihren Gesundheitszustand informiert werden?

___

In welchen Situationen wünschen Sie auf jeden Fall den Einsatz aller vorhandenen Möglichkeiten der klassischen Medizin?

___

4 Fragen zu ihren persönlichen Vorstellungen

Welche Nebenwirkungen oder Spätfolgen einer Behandlung würden Sie akzeptieren, welche nicht??

_____
_____
_____

Wann würden Sie einer Behandlung zustimmen, die unter Umständen Ihren Tod zur Folge haben könnte?

_____
_____
_____

Wann würden Sie einer Behandlung mit einem Medikament zustimmen, das erst in der Testphase ist und noch nicht zugelassen wurde?

_____
_____
_____

Bei welchen Leiden können Sie sich den Einsatz der sogenannten Alternativmedizin vorstellen?
Wann könnte die Alternativmedizin für Sie auch ein Ersatz für klassische Behandlungsmethoden sein?

_____
_____
_____
_____

Würden Sie dem Einsatz hochdosierter Schmerzmittel zustimmen, auch wenn das eventuell
zu Bewusstseinstrübungen oder zu einem früheren Tod führt?

_____

_____

_____

Gibt es Situationen, in denen Sie sich vorstellen könnten, dass auf weitere Behandlungsmaßnahmen
zur Verbesserung Ihres Gesundheitszustands verzichtet wird? Welche sind das konkret?

_____

_____

_____

_____

Welche Behandlung wünschen Sie, wenn Sie längere Zeit bewusstlos sind, unter starken Schmerzen
leiden, sich im Endstadium einer unheilbaren, tödlichen Erkrankung befinden oder wenn Sie geistig
so verwirrt sind, dass Sie nicht mehr wissen, wer Sie sind, wo Sie sich befinden, und Familie und
Freunde nicht mehr erkennen?

_____

_____

_____

2 Lebensverlängernde Maßnahmen

Gibt es Situationen, in denen Sie sich vorstellen könnten, dass auf weitere lebenserhaltende
Maßnahmen wie künstliche Beatmung oder Ernährung mit einer Magensonde verzichtet wird?
Welche Situationen sind das konkret?

_____

_____

_____

_____

6 Fragen zu ihren persönlichen Vorstellungen

Können Sie sich vorstellen, dass man Ihr Sterben bewusst beschleunigt, indem man Ihnen Nahrung und Flüssigkeit entzieht? In welchen Situationen wäre das für Sie denkbar? Welche Nebenbedingungen müssten erfüllt sein (zum Beispiel Bekämpfung von Schmerz, Unterdrückung von Hunger- und Durstgefühl, Vermeidung von Angstzuständen)?

_____

_____

_____

_____

Unter welchen Umständen wäre es für Sie akzeptabel, zum Beispiel durch Beruhigungsmittel, Bettgitter oder Gurte daran gehindert zu werden, sich selbst oder anderen Schaden zuzufügen?

_____

_____

_____

_____

3 Pflegebedürftigkeit/Einzug ins Pflegeheim

Wer soll Sie pflegen, falls Sie pflegebedürftig werden?

_____

_____

_____

Wo möchten Sie leben, falls klar ist, dass Sie für lange Zeit Pflege brauchen?

_____

_____

_____

_____

Wann wäre für Sie der Zeitpunkt gekommen, in ein Heim umzuziehen?

_____
_____
_____

Gibt es ein bestimmtes Heim, in das Sie bevorzugt einziehen möchten?
Was wäre Ihnen bei der Auswahl eines Heims besonders wichtig?

_____
_____
_____

Was soll mit Ihrer Wohnung/Ihrem Haus geschehen, wenn Sie dort nicht mehr leben können?
Was ist mit Ihren Möbeln und sonstigem Eigentum?

_____
_____
_____

4 Vorstellungen vom Sterben

Welche Dinge würden Sie kurz vor Ihrem Tod gern geregelt wissen?

_____
_____
_____

8 Fragen zu ihren persönlichen Vorstellungen

Wo möchten Sie Ihre letzten Tage/Stunden gern verbringen?

___

___

___

___

Wen möchten Sie in Ihren letzten Tagen/Stunden gerne bei sich haben?

___

___

___

___

Wünschen Sie kirchlichen Beistand beim Sterben?

___

___

___

___

Erklärungen zu den Textbausteinen
Patientenverfügung

1 Vorbemerkung

Dafür können Sie die Antworten zu den Fragen über die persönlichen Lebensvorstellungen kurz zusammenfassen.

2 Einleitungssatz

Schreiben Sie hier neben Namen und Geburtsdatum/Geburtsort Ihre aktuelle Adresse auf.

3 Situationen, für die die Verfügung gelten soll

zu a) Die Lebenskraft nimmt innerhalb kurzer Zeit rapide ab. Man kann in diesem Zustand durchaus noch geistig wach sein und sich äußern. Es sei denn, dass die Art der Krankheit dieses unmöglich macht.

zu b) Das Fortschreiten der Erkrankung bis zum Tod ist unaufhaltsam. Die Therapie versagt oder ist wegen der Nebenwirkungen nicht mehr gewünscht.

zu c) Alle sozialen Fähigkeiten sind erloschen. Die Aussichten, aus diesem Zustand wieder zu erwachen, sind mit zunehmendem Alter und bei mehreren chronischen Krankheiten deutlich schlechter.

zu d) Essen und Trinken sind auch mit Unterstützung nicht mehr möglich. Dadurch würde eine künstliche Ernährung zum Beispiel über eine Magensonde unumgänglich.

HINWEIS: Lesen Sie zu diesen Formulierungen auch das Interview auf **Seite 19.**

4 Regelungen zu lebensverlängernden und -gefährdenden Maßnahmen

zu b) Trotz dieser Maßnahmen würde sich der Zustand weiter verschlechtern, jedoch mit Verzögerung. Die Maßnahmen verlängern also das Leben, aber auch das Leiden.

5 Wiederbelebung

zu b) Die Wahrscheinlichkeit für eine erfolgreiche Wiederbelebung ohne zusätzliche Schäden ist bei Erkrankungen, wie unter 3. genannt, sehr gering.

6 Künstliche Ernährung und Flüssigkeitszufuhr

zu b) Essen und Trinken werden im Sterbeprozess eher zur Belastung. Künstliche Ernährung und Flüssigkeitszufuhr umgehen das natürliche Ende der Energiezufuhr im Sterbeprozess.

HINWEIS: Lesen Sie zu diesen Formulierungen auch das Interview auf **Seite 16.**

7 Künstliche Beatmung

zu b) Eine abnehmende Sauerstoffversorgung insbesondere des Gehirns führt zu einer Eintrübung des Bewusstseins. Die künstliche Beatmung wirkt dem entgegen, ohne die eigentliche Erkrankung zu beeinflussen.

8 Schmerzbehandlung

zu a) Eine adäquate Schmerztherapie verbessert die Qualität des zu Ende gehenden Lebens. Manche Schmerzmedikamente können zum Beispiel die Atmung beeinträchtigen, ohne dass dadurch aber zusätzliches Leiden entsteht.

9 Weitere medizinische Maßnahmen

Alle aufgeführten Möglichkeiten zielen auf eine mögliche Heilung, die sich allenfalls auf eine zwischenzeitliche zusätzliche Störung beziehen kann. Sie können den Sterbeprozess nicht aufhalten.

Die unter 9.4. genannten alternativen Methoden könnten ggf. Symptome erleichtern, wobei die Wirkungsweise oft nicht bekannt ist. Deswegen werden solche Methoden schulmedizinisch meist nicht empfohlen.

10 Kommunikation und Information

Eine ärztliche Vertrauensperson, in den meisten Fällen der Hausarzt, ist bei den sich immer wieder aufs Neue stellenden Fragen sehr hilfreich.

11 Vorstellung vom Sterben

Die „letzten Dinge" geregelt zu haben, kann den Tagen des zu Ende gehenden Lebens zusätzliche Ruhe geben.

12 Hinweis auf weitere Unterlagen

Geben Sie hier ggf. die Namen und Kontaktdaten Ihres Bevollmächtigten/ Wunschbetreuers an und schreiben Sie auf, wo Sie die Vorsorgevollmacht/ Betreuungsverfügung abgelegt haben.

Textbausteine für die Patientenverfügung

1 Vorbemerkung

Beschreiben Sie hier, welche Werte für Sie in Ihrem Leben wichtig sind.

2 Einleitungssatz

Für den Fall, dass ich … (Vor- und Zuname), geboren am … in …, wohnhaft in … (Anschrift) mich nicht selbst äußern kann, erkläre ich nachfolgend meine Wünsche zur Behandlung.

3 Situationen, für die die Verfügung gelten soll

Dies gilt für die nachfolgenden Situationen:

a) Wenn ich mich am Ende des Lebens und unabwendbar im Sterbeprozess befinde.

b) Wenn ich mich im Endstadium einer tödlich verlaufenden und unheilbaren Krankheit befinde, auch wenn der Sterbeprozess noch nicht unmittelbar begonnen hat.

c) Wenn ich aufgrund einer Hirnschädigung voraussichtlich dauerhaft nicht mehr in der Lage sein werde, mit meiner Umwelt in Kontakt zu treten oder mit meinen Mitmenschen zu kommunizieren (Wachkoma), auch wenn es eine geringe Chance gibt, dass ich aus diesem Zustand aufwache.

d) Wenn ich infolge eines fortgeschrittenen Abbauprozesses im Gehirn (zum Beispiel Alzheimer-Krankheit) nicht mehr in der Lage bin, auf natürlichem Wege Nahrung und Flüssigkeit zu mir zu nehmen, obwohl ich von Pflegekräften umfangreich dabei unterstützt werde.

4 Regelungen zu lebensverlängernden und -gefährdenden Maßnahmen

Dies gilt für die nachfolgenden Situationen:

a) In den oben beschriebenen Situationen möchte ich, dass jegliche lebensverlängernden Maßnahmen unterbleiben bzw. abgebrochen werden. Ich bitte jedoch um ausreichende Behandlung und Pflege, um mir Angst, Schmerzen, Atemnot, Hunger- und Durstgefühle und Übelkeit zu nehmen. Ich möchte nicht, dass mein Leiden durch das Ausschöpfen aller intensivmedizinischen Möglichkeiten, auch die Gabe von Antibiotika bei Begleitinfektionen, verlängert wird.

b) In den oben beschriebenen Situationen möchte ich, dass alles, was mit der modernen Medizin möglich ist, getan wird, um mein Leben zu erhalten bzw. zu verlängern. Ich möchte dies auch, wenn es belastend für mich ist, und auch dann, wenn eine dauerhafte Schädigung des Gehirns und deshalb der Verlust der Kommunikationsfähigkeit oder völlige Hilflosigkeit die Folge sein können. Beschwerden wie Angst, Schmerzen, Atemnot, Hunger- und Durstgefühle und Übelkeit sollen soweit wie möglich gelindert werden.

5 Wiederbelebung

a) Falls mein Herz zum Stillstand gekommen ist, möchte ich in den zuvor genannten Situationen nicht mehr wiederbelebt werden.

b) In den vorher beschriebenen Situationen wünsche ich Versuche einer Wiederbelebung.

HINWEIS: Diese Festlegung ist wichtig für die Anerkennung der Patientenverfügung.

6 Künstliche Ernährung und Flüssigkeitszufuhr

a) In den oben beschriebenen Situationen möchte ich, dass jegliche Zufuhr von Nahrung und Flüssigkeit über Sonden oder Infusionen unterbleibt. Ich wünsche aber eine begleitende Pflege, um mir Hunger- und Durstgefühle zu nehmen.

b) In den vorgenannten Situationen wünsche ich die Gabe von Nahrung und Flüssigkeit auch über eine Sonde oder durch Infusionen. Dies soll so bald als nötig begonnen und bis zu meinem Tod weitergeführt werden.

HINWEIS: Diese Festlegung ist wichtig für die Anerkennung der Patientenverfügung.

7 Künstliche Beatmung

a) In den zuvor genannten Situationen wünsche ich, dass keine künstliche Beatmung durchgeführt wird bzw. diese eingestellt wird. Ich wünsche mir jedoch eine Behandlung, um mir die Luftnot und Angst zu nehmen, auch mit bewusstseinstrübenden Medikamenten. Ich nehme dafür auch einen früheren Tod in Kauf.

b) Ich wünsche eine künstliche Beatmung, wenn dies mein Leben erhalten bzw. verlängern kann.

HINWEIS: Diese Festlegung ist wichtig für die Anerkennung der Patientenverfügung.

8 Schmerzbehandlung

a) Ich möchte mit wirksamen Schmerzmitteln behandelt werden, um meine körperlichen Leiden soweit wie möglich zu bekämpfen. Dafür nehme ich Bewusstseinstrübungen und auch einen früheren Tod in Kauf.

b) Ich wünsche eine Behandlung mit Schmerzmitteln. Aber hierdurch soll keine Minderung des Bewusstseins oder gar ein früherer Tod eintreten.

9 Weitere medizinische Maßnahmen

1a) Ich wünsche in den oben beschriebenen Situationen keine Organtransplantation oder andere aufwendige Behandlungen wie eine Dialyse, selbst wenn dies hilft, mein Leben zu verlängern.

1b) Ich wünsche in den oben beschriebenen Situationen auch die Durchführung einer Organtransplantation oder andere aufwendige Behandlungen, zum Beispiel eine Dialyse, wenn dies hilft, mein Leben zu verlängern.

2a) Ich stimme in den oben beschriebenen Situationen keinen operativen Maßnahmen zu, selbst wenn dadurch mein Leben verlängert werden kann.

2b) Ich stimme in den oben beschriebenen Situationen auch operativen Maßnahmen zu, wenn dadurch mein Leben verlängert werden kann. Ich möchte dies auch, wenn gesundheitliche Schäden oder der Verlust eines Körperteils, zum Beispiel eines Beins, die Folge sein können.

3a) Ich möchte nicht, dass noch nicht zugelassene Medikamente eingesetzt werden, die sich noch in der Erprobungsphase befinden, sodass deren Nebenwirkungen und Wirkungsweisen noch nicht vollständig bekannt sind.

3b) Ich möchte in den oben beschriebenen Situationen nicht, dass noch nicht zugelassene Medikamente eingesetzt werden, die sich noch in der Erprobungsphase befinden, sodass deren Nebenwirkungen und Wirkungsweisen noch nicht vollständig bekannt sind.

3c) Ich möchte mit den modernsten Mitteln der Medizin behandelt werden. Dazu gehört für mich auch der Einsatz von nicht zugelassenen Medikamenten, die sich noch in der Erprobungsphase befinden, sodass deren Nebenwirkungen und Wirkungsweisen noch nicht vollständig bekannt sind.

4a) Neben den schulmedizinischen Behandlungsmethoden wünsche ich keine Behandlung mit alternativen Heilmethoden.

4b) Neben den schulmedizinischen Behandlungsmethoden wünsche ich auch eine Behandlung mit alternativen Heilmethoden wie zum Beispiel Mistelinjektionen oder Akupunktur, sofern dies angebracht ist. Die alternativen Heilmethoden sollen die schulmedizinische Behandlung aber nicht ersetzen oder verzögern.

10 Kommunikation und Information

a) Ich möchte, dass mein Hausarzt ... (Name, Anschrift, Telefon) hinzugezogen wird, wenn wesentliche Entscheidungen über meine weitere medizinische Behandlung anstehen. Wenn er im Notfall nicht erreichbar ist, dürfen die behandelnden Ärzte die aus ihrer Sicht erforderliche Behandlung unter Berücksichtigung meiner hier dargelegten Wünsche auch ohne seine ärztliche Einschätzung einleiten bzw. fortsetzen.

b) Wenn ich in der Lage bin, etwas zu verstehen, möchte ich/möchte ich nicht, dass mich die behandelnden Ärzte verständlich und vollständig über meinen gesundheitlichen Zustand aufklären.

c) Ich entbinde die behandelnden Ärzte (nicht) von ihrer Schweigepflicht gegenüber ... (Bevollmächtigten, Familienangehörigen, Lebenspartner/in, Kindern etc.).

HINWEIS: Hier können Sie auch die jeweils negative Formulierung verwenden.

11 Vorstellung vom Sterben

a) Meine letzten Tage/Stunden möchte ich, wenn irgend möglich, ... (zu Hause bei meiner Familie, in einem Hospiz etc.) verbringen. Ich möchte das auch/ich möchte das nicht, wenn dadurch möglicherweise mein Tod früher eintritt, weil dafür eine Behandlung abgebrochen werden muss.

b) Falls möglich, möchte ich mich persönlich von meinen Angehörigen und Freunden verabschieden. Deshalb bitte ich um Benachrichtigung von ... (Vor- und Zuname, Telefon), wenn absehbar ist, dass es mit meinem Leben zu Ende geht.

c) Da ich ein/kein religiöser Mensch bin, möchte ich, dass ein/kein Geistlicher der ... Religion/Konfession mein Sterben begleitet.

d) Nach meinem Tod bin ich mit einer Obduktion einverstanden/nicht einverstanden, wenn dadurch die Ursache meines Todes geklärt werden kann.

e) Wenn mein Hirntod festgestellt wurde, möchte ich/möchte ich nicht meine Organe für eine Transplantation zur Verfügung stellen. Sind für die Transplantation medizinische Maßnahmen notwendig, die ich in dieser Verfügung ausgeschlossen habe, gehen meine Bereitschaft zur Organspende und die damit verbundenen Behandlungsmaßnahmen vor/nicht vor.

f) Ich möchte auf dem Friedhof ... begraben werden.

HINWEIS: Hier können Sie auch die jeweils negative Formulierung verwenden.

12 Hinweis auf weitere Unterlagen

Ergänzend zu dieser Patientenverfügung habe ich eine Vorsorgevollmacht und/oder eine Betreuungsverfügung erstellt.

Mein/e Bevollmächtigter/n ist/sind ... (Vor- und Zuname, Adresse, Telefon).

Mein/e Betreuer soll/en sein ... (Vor- und Zuname, Adresse, Telefon).

13 Schlussbemerkungen

Ich habe diese Patientenverfügung aus freiem Willen und ohne Druck von anderen erstellt.

Ich bin mir über die Inhalte dieser Patientenverfügung und deren Folgen bewusst.

14 Aufklärung/Beratung/Bestätigung der Einwilligungsfähigkeit

Ich habe mich vor dem Schreiben dieser Patientenverfügung informiert bei ... und beraten lassen durch ....

Ich habe mich vor der Erstellung dieser Patientenverfügung ärztlich beraten lassen. Bezüglich der hier genannten Festlegungen verzichte ich auf eine weitere ärztliche Beratung oder Aufklärung.

Ort, Datum, Unterschrift des Verfassers

Ich, ... (Name des Arztes), bestätige, dass ich mit Frau/Herrn ... (Vor- und Zuname) am ... ein ausführliches Beratungsgespräch geführt habe. Dabei haben wir die medizinischen Konsequenzen der Inhalte ihrer/seiner Patientenverfügung besprochen.

Ort, Datum, Unterschrift des Arztes

Ich, ... (Vor- und Zuname, Arzt, Notar etc.), bestätige, dass Frau/Herr ... sich über die Inhalte dieser Patientenverfügung und deren Konsequenzen bewusst und in vollem Umfang einwilligungsfähig ist.

Ort, Datum, Unterschrift

15 Aktualität

Diese Verfügung soll auch weiterhin gelten.

Datum, Unterschrift des Verfassers

Diese Verfügung soll auch weiterhin gelten, allerdings mit folgenden Ausnahmen: ...

Datum, Unterschrift des Verfassers

Vorsorgevollmacht

- Hilfe zum Ausfüllen der Vorsorgevollmacht
- Formular Vorsorgevollmacht
- Hilfe zum Ausfüllen der Vereinbarung zum Innenverhältnis
- Formular Vereinbarung im Innenverhältnis

Mit den nachfolgenden Formularen können Sie Schritt für Schritt eine gültige Vollmacht aufsetzen. Fangen Sie mit der allgemeinen Vorsorgevollmacht an, dann folgt die Vereinbarung im Innenverhältnis. Zu jedem Formular haben wir Erklärungen zusammengestellt. Trennen Sie diese Hilfen zum Ausfüllen am besten heraus und legen Sie sie direkt neben das jeweilige Formular.

Hilfe zum Ausfüllen
Vorsorgevollmacht

Mit der Vorsorgevollmacht erteilen Sie einer oder mehreren Personen die Befugnis, an Ihrer Stelle tätig zu werden.

Sofern Sie mehrere Personen bevollmächtigen wollen, sollten Sie für jeden Bevollmächtigten eine Vollmacht ausstellen.

Der Bevollmächtigte kann die Vollmacht nur im Original nutzen. Da ggf. auch Vollmachten im Schriftverkehr verschickt werden müssen, sollte der Bevollmächtigte mehrere Originale erhalten. Kopieren Sie die Vollmacht nach dem Ausfüllen und unterschreiben Sie jedes Exemplar.

1 Verträge und Finanzen

1.1 Die nach außen wirksame Vollmacht sollte so allgemein und umfassend wie möglich sein. Dies sollte sämtliche Rechts- und Vertragsangelegenheiten umfassen.

1.2 Die Vollmacht sollte auch möglichst alle Vermögens- und Finanzangelegenheiten umfassen. Vergessen Sie nicht, dass die Banken in der Regel gesonderte Bankvollmachten auf hauseigenen Formularen verlangen.

1.3 Die Befreiung von der Schweigepflicht gegenüber dem Bevollmächtigten ist notwendig, damit dieser in Ihrem Sinne Unterlagen einfordern kann.

1.4 Das Recht zur Auflösung von Verträgen ermöglicht dem Bevollmächtigten unter anderem, Mietverträge zu kündigen.

1.5 Die Erlaubnis, mit sich selbst Geschäfte zu tätigen, muss gut überlegt sein. Die Gefahr des Missbrauchs ist besonders hoch, wenn der Bevollmächtigte berechtigt ist, zu seinen eigenen Gunsten Regelungen im Namen des Vollmachtgebers zu treffen. Gerade bei Familienangehörigen ist die Berechtigung zu In-Sich-Geschäften jedoch häufig notwendig, damit der Bevollmächtigte handlungsfähig ist. Wird keine Regelung getroffen, gilt die gesetzliche Regel, dass In-Sich-Geschäfte für Bevollmächtigte ausgeschlossen sind.

1.6 Bevollmächtigte können auch befugt werden, Grundstücke oder Immobilien zu kaufen oder zu verkaufen. Da solche Geschäfte grundsätzlich notariell beurkundet werden müssen, muss auch die Vollmacht durch einen Notar beurkundet werden.

1.7 Wer möchte, dass der Bevollmächtigte auch die Post entgegennimmt, sollte auf einem gesonderten Blatt eine extra Postvollmacht erteilen, damit der Bevollmächtigte allein damit zur Post gehen kann. Schreiben Sie den Textbaustein für die Postvollmacht einfach ab. Nennen Sie Ihren eigenen Namen, Adresse und Geburtsdatum sowie dieselben Angaben vom Bevollmächtigten. Unterschreiben Sie dieses Blatt mit Ort und Datum.

1.8 Sofern Sie digital Geschäfte abwickeln, z.B. über Online-Auktionsplattformen, oder Daten im Internet stehen haben, sollten Sie ausdrücklich auch diesen Bereich in die Vollmacht einschließen, damit der Bevollmächtigte eine Chance hat, Zugang zu Ihren Daten zu erhalten. Ganz wichtig ist jedoch, dass der Bevollmächtigte Ihre aktuellen Passwörter kennt.

1.9 Für den Fall der Fälle sollte der Bevollmächtigte auch das Recht haben, Prozesse zu führen und zum Beispiel gegen die Pflegekasse zu klagen, wenn der „falsche" Pflegebedarf festgestellt wurde.

1.10 Sie können weitere finanzielle oder vertragliche Angelegenheiten in der Vollmacht benennen. Überlegen Sie aber genau, ob die wirklich in der nach außen wirksamen und an vielen Stellen eingesetzten Vollmacht stehen sollen oder ob sie nicht besser in der Vereinbarung im Innenverhältnis mit dem Bevollmächtigten aufgehoben sind.

2 Gesundheitsangelegenheiten

2.1 Erwähnen Sie dies ausdrücklich in Ihrer Vollmacht, wenn der Bevollmächtigte Sie in Gesundheitsangelegenheiten vertreten soll.

2.2 Soll der Bevollmächtigte auch über gefährliche medizinische Eingriffe entscheiden, muss dies extra in der Vollmacht erwähnt werden. Das gilt auch, wenn es eine Patientenverfügung gibt.

2.3 Soll der Bevollmächtigte auch über den Abbruch lebenserhaltender Maßnahmen entscheiden, muss dies extra in der Vollmacht erwähnt werden. Das gilt auch, wenn es eine Patientenverfügung gibt.

2.4 Damit der Bevollmächtigte in Gesundheitsangelegenheiten handlungsfähig ist, müssen die behandelnden Ärzte von ihrer Schweigepflicht befreit werden. Sofern es eine Patientenverfügung gibt, sollte die Befreiung von der Schweigepflicht gegenüber Angehörigen und Bevollmächtigten auch dort enthalten sein.

2.5 Ergänzend ist es sinnvoll, auch den Bevollmächtigten in die Lage zu versetzen, Ärzte von ihrer Schweigepflicht zu entbinden.

3 Wohnung, Aufenthalt und freiheitsbeschränkende Maßnahmen

3.1 Die Vollmacht sollte auch das Recht enthalten, über den Aufenthalt des Vollmachtgebers zu bestimmen.

3.2 Dazu gehört auch das Recht, Mietverträge zu kündigen und den Haushalt aufzulösen.

3.3 Soll eine Immobilie verkauft werden, ist die Beurkundung der Vollmacht durch einen Notar notwendig.

3.4 Wenn der Bevollmächtigte über freiheitsentziehende Maßnahmen entscheiden soll, muss dies ausdrücklich in der Vollmacht stehen. Die drei nachfolgenden Fälle müssen in der Vollmacht enthalten sein, wenn der Bevollmächtigte hier eine Handlungsbefugnis haben soll. Tritt der Fall ein, muss bei jeder Maßnahme ein Betreuungsrichter prüfen, ob der Bevollmächtigte die Befugnis zur Entscheidung hat und ob die freiheitsentziehende Maßnahme im Sinne des Vollmachtgebers ist. Enthält die Vollmacht keine Regelung, muss das Betreuungsgericht vor der Anwendung freiheitsentziehender Maßnahmen eine gesetzliche Betreuung mit dem entsprechenden Aufgabenkreis einrichten.

Als „Unterbringung" bezeichnet man freiheitsentziehende Maßnahmen, bei denen jemand in einer geschlossenen Einrichtung oder in einer geschlossenen Abteilung eines Krankenhauses untergebracht wird. Es ist dem Betroffenen dann nicht möglich, dieses Areal aus freiem Willen zu verlassen.

3.5 Als „unterbringungsähnliche Maßnahme" wird die Anwendung von Hilfsmitteln bezeichnet, die den Zweck haben, die betroffene Person daran zu hindern, sich selbstständig zu entfernen. Das ist z.B. das Hochziehen eines Bettgitters oder die Fixierung in einem Rollstuhl. Auch die Gabe von starken Beruhigungsmitteln fällt darunter.

3.6 Eine ärztliche Maßnahme darf grundsätzlich nur mit dem Einverständnis des Patienten erfolgen. Es kann aber Krankheitsbilder geben, in denen beispielsweise die Gabe von Medikamenten auch gegen den Willen des Patienten notwendig ist, um psychische Erkrankungen erfolgreich behandeln zu können.

4 Weitere Bereiche

4.1 Soll der Bevollmächtigte eine Erbschaft ausschlagen können, muss dafür die Unterschrift des Vollmachtgebers durch eine offizielle Stelle beglaubigt werden.

4.2 Die Vollmacht kann dazu berechtigen, die Ausgestaltung der Beisetzung und Trauerzeremonie zu bestimmen. Nähere Einzelheiten sollten in der Vereinbarung im Innenverhältnis mit dem Bevollmächtigten geregelt sein.

4.3 Es ist sinnvoll, die Vollmacht über den Tod hinaus zu verlängern. Nur dann ist der Bevollmächtigte bis zur Erteilung eines Erbscheins oder zur Eröffnung des Testaments handlungsfähig. Gilt die Vollmacht über den Tod hinaus, müssen die Erben die Vollmacht widerrufen.

5 Stellvertretung

5.1 Für den Bevollmächtigten ist es eine Erleichterung, wenn er seinerseits Vollmachten ausstellen kann, damit er nicht alles allein erledigen muss. Für Fehler der von ihm bevollmächtigten Personen haftet aber weiter der Bevollmächtigte.

6 Betreuung, Kontrollbetreuer

6.1 Mit einer Regelung zur Betreuung in der Vorsorgevollmacht wird eine gesonderte Betreuungsverfügung überflüssig.

6.2 Als Wunschbetreuer kann auch der Bevollmächtigte benannt werden.

6.3 Es sollten möglichst weitere Personen benannt werden, für den Fall, dass der erstgenannte Wunschbetreuer diese Aufgabe nicht übernehmen kann. Die Wunschbetreuer sollten eindeutig mit Namen, Geburtsort und -datum sowie mit ihren Kontaktdaten genannt sein.

6.4 Besteht der Verdacht, dass der Bevollmächtigte seine Aufgaben nicht umfassend und im Sinne des Vollmachtgebers erfüllt, kann das Gericht einen Kontrollbetreuer bestellen. Dieser soll den Bevollmächtigten prüfen und bei seinen Entscheidungen begleiten. Sie können wiederum eine Wunschperson als Kontrollbetreuer nennen.

6.5 Wenn Sie bestimmte Personen nicht als Betreuer haben möchten, können Sie diese ablehnen.

7 Haftung/Haftungsbeschränkung

Grundsätzlich ist der Bevollmächtigte gegenüber dem Vollmachtgeber vollumfänglich haftbar. Sofern nichts anderes geregelt ist, muss im Zweifel der Bevollmächtigte beweisen, dass er alles richtig gemacht hat. Um den Bevollmächtigten etwas zu entlasten, lassen sich alternative Regelungen zur Haftung treffen. Wie weit sich ein Vollmachtgeber auf Erleichterungen der Haftung einlässt, hängt stark vom gegenseitigen Vertrauen ab. Im Zweifel ist hier besser nichts geregelt, und es gelten die gesetzlichen Vorgaben.

In der Vollmacht und der Vereinbarung im Innenverhältnis sollten dieselben Regelungen getroffen sein.

7.1 Sie können den Bevollmächtigten fast vollständig aus der Haftung entlassen, und seine Haftung auf Vorsatz und grobe Fahrlässigkeit beschränken.

7.2 Alternativ besteht die Möglichkeit, zur Beweislastumkehr. Dann gilt für den Bevollmächtigten zunächst die Unschuldsvermutung, und der Vollmachtgeber muss beweisen, dass die Vollmacht missbräuchlich verwendet wurde.

7.3 Am weitgehendsten ist die Regelung, den Bevollmächtigten von sämtlichen Pflichten zum Nachweis des ordnungsgemäßen Umgangs mit der Vollmacht zu entbinden.

8 Unterschrift

Der Vollmachtgeber muss die Vollmacht mit vollem Namen, Ort und Datum unterschreiben.

9 Bestätigung

Die Vollmacht ist auch ohne eine Unterschrift des Bevollmächtigten gültig. Die Unterschrift zeigt aber, dass der Bevollmächtigte die Vollmacht kennt und bereit ist, diese Aufgabe zu übernehmen.

Eine Bestätigung der Geschäftsfähigkeit des Vollmachtgebers ist für die Gültigkeit nicht unbedingt notwendig. Sollten aber später Zweifel aufkommen, etwa weil der Vollmachtgeber zum Zeitpunkt der Vollmachtserteilung schwer krank war oder geistige Einschränkungen hatte, kann so die Akzeptanz der Vollmacht erhöht werden.

10 Ergänzende Unterlagen

Eine Vollmacht steht oft nicht alleine, sondern es gibt diverse weitere Unterlagen. Sofern solche vorhanden sind, sollten sie in der Vollmacht genannt sein. Das hilft auch bei der Übersicht, was wie geregelt ist.

Das Formular zur Vorsorgevollmacht können Sie auch kostenlos online ausfüllen und ausdrucken. Sie finden es unter www.vz-ratgeber.de/formulare-vorsorge

Vorsorgevollmacht

Ich, _____
Vor- und Zuname

geboren am _____ in _____

wohnhaft in _____
Anschrift, Telefon

_____

erteile eine Vollmacht an

Herrn/Frau _____
Vor- und Zuname

nachfolgend Bevollmächtigte/r genannt

geboren am _____ in _____

wohnhaft in _____

_____

Der/die Bevollmächtigte wird bevollmächtigt, mich in allen nachfolgend angekreuzten Angelegenheiten zu vertreten.

Die Vollmacht ist nur wirksam, wenn der/die Bevollmächtigte das Original dieser Vollmachtsurkunde besitzt und sie auf Verlangen vorlegen kann.

Die eventuelle Unwirksamkeit einzelner Verfügungen in dieser Vollmacht soll die Wirksamkeit der anderen Verfügungen nicht berühren.

1 Verträge, Finanzen

☐ **1.1** Der/die Bevollmächtigte ist berechtigt, mich in allen persönlichen Angelegenheiten sowie in Vermögens-, Steuer-, Renten-, Sozial-, Erb- und sonstigen Rechtsangelegenheiten, soweit dies gesetzlich zulässig ist, außergerichtlich und gerichtlich zu vertreten.

☐ **1.2** Die Vertretung in vermögensrechtlichen Angelegenheiten umfasst unter anderem die Vertretung gegenüber Ämtern, Behörden, Versicherungen und meiner Krankenkasse sowie die Erledigung der Bankgeschäfte.

☐ **1.3** Mitarbeiter von Ämtern, Behörden, Banken, Versicherungen und meiner Krankenkasse sind meiner/m Bevollmächtigten gegenüber von ihrer Schweigepflicht befreit.

☐ **1.4** Der/die Bevollmächtigte ist ermächtigt, Verträge aller Art in meinem Namen abzuschließen oder aufzulösen.

☐ **1.5** Der/die Bevollmächtigte ist berechtigt, Geschäfte mit sich selbst zu tätigen (§ 181 BGB).

☐ **1.6** Der/die Bevollmächtigte ist berechtigt, meine Grundstücke und Immobilien zu verwalten und zu verkaufen.

☐ **1.7** Der/die Bevollmächtigte ist berechtigt, meine Post, auch Einschreiben, Zahlungsanweisungen mit einem Betrag von mehr als 250 Euro und Sendungen mit dem Zusatz „eigenhändig", entgegenzunehmen und zu öffnen.

☐ **1.8** Der Bevollmächtigte ist berechtigt, meine digitalen Angelegenheiten zu regeln. Dies umfasst insbesondere den Zugriff auf alle Passwörter, Verträge, E-Mails, andere Konten und Daten sowie die Geltendmachung von entsprechenden Auskunftsansprüchen gegenüber den Anbietern. Diesbezüglich befreie ich die Provider vom Telekommunikationsgeheimnis und sonstigen Geheimhaltungspflichten.

☐ **1.9** Der/die Bevollmächtigte ist berechtigt, für mich als Kläger oder Beklagter Prozesse zu führen.

☐ **1.10** Die folgenden Geschäfte soll mein/e Bevollmächtigte/r **nicht** wahrnehmen dürfen:

☐ _____
_____

☐ _____
_____

☐ _____
_____

☐ _____
_____

☐ _____
_____

2 Gesundheitsangelegenheiten

☐ **2.1** Der/die Bevollmächtigte darf in allen Angelegenheiten der medizinischen Versorgung und Behandlung entscheiden. Gegenüber meinen behandelnden Ärzten soll mein Bevollmächtigter mich in allen notwendigen Entscheidungen vertreten, soweit dies gesetzlich möglich ist.

☐ **2.2** Der/die Bevollmächtigte darf über alle erforderlichen ärztlichen Untersuchungen, Heilbehandlungen und Eingriffe bei mir entscheiden, auch wenn die begründete Gefahr besteht, dass ich aufgrund der Maßnahme sterbe oder einen schweren oder länger andauernden gesundheitlichen Schaden erleide (§ 1904 BGB).

☐ **2.3** Der/die Bevollmächtigte darf über das Unterlassen oder Beenden lebenserhaltender oder lebensverlängernder Maßnahmen entscheiden.

☐ **2.4** Ich entbinde meine behandelnden Ärzte von ihrer Schweigepflicht gegenüber meinem/r Bevollmächtigten.

☐ **2.5** Der/die Bevollmächtigte ist berechtigt, meine behandelnden Ärzte gegenüber anderen Dritten von der Schweigepflicht zu entbinden.

☐ _____

☐ _____
_____

☐ _____

3 Wohnung, Aufenthalt und freiheitsentziehende Maßnahmen

☐ **3.1** Der/die Bevollmächtigte darf meinen Aufenthaltsort bestimmen, inklusive eines Umzugs in ein Heim.

☐ **3.2** Der/die Bevollmächtigte darf meine Mietverträge abschließen und kündigen.

☐ **3.3** Der/die Bevollmächtigte ist berechtigt, meinen Haushalt aufzulösen und über das Inventar zu verfügen.

☐ **3.4** Der/die Bevollmächtigte darf in eine für mich aus ärztlicher Sicht zwingend erforderliche und mit Freiheitsentziehung verbundene Unterbringung in einem Heim oder einer anderen Einrichtung (§ 1906 Absatz 1 BGB) einwilligen.

☐ **3.5** Der/die Bevollmächtigte darf in unterbringungsähnliche Maßnahmen für mich, wie zum Beispiel das Anbringen von Bauchgurten, Bettgittern und anderen mechanischen Vorrichtungen, sowie eine Freiheitsbeschränkung durch Medikamente (§ 1906 Absatz 4 BGB) einwilligen.

☐ **3.6** Der/die Bevollmächtigte darf in eine ärztliche Zwangsmaßnahme bei mir einwilligen, wenn ein erheblicher gesundheitlicher Schaden droht und dieser durch keine andere zumutbare Maßnahme abgewendet werden kann (§ 1906 Absatz 3 BGB).

☐ _____
_____

4 Weitere Bereiche

☐ **4.1** Der/die Bevollmächtigte ist berechtigt, in meinem Namen Erbschaften auszuschlagen.

☐ **4.2** Der/die Bevollmächtigte soll die Ausgestaltung meiner Beerdigungszeremonie und die Einzelheiten meiner Bestattung übernehmen.

☐ **4.3** Diese Vollmacht bleibt auch nach meinem Tod so lange in Kraft, bis meine Erben sich als anspruchsberechtigt ausweisen können.

☐ _____
_____

☐ _____

5 Stellvertretung

☐ **5.1** Der/die Bevollmächtigte hat das Recht, Untervollmachten an Dritte zu erteilen.

6 Betreuung, Kontrollbetreuung

☐ **6.1** Diese Vollmacht soll eine Betreuung gemäß Betreuungsgesetz überflüssig machen. Sollte dennoch von einem Gericht die Einrichtung einer Betreuung für notwendig erachtet werden, so soll der/die hier bestimmte Bevollmächtigte zum Betreuer bestellt werden.

☐ **6.2** Sollte der/die Bevollmächtigte nicht für die Aufgaben als Betreuer geeignet sein, bitte ich das Gericht, aus den nachfolgend genannten Personen in absteigender Reihenfolge einen Betreuer auszuwählen:

1. Herr/Frau
_____
Vor- und Zuname

geboren am _____ in _____

wohnhaft in _____

2. Herr/Frau
_____
Vor- und Zuname

geboren am   in
_____

wohnhaft in
_____

3. Herr/Frau
_____
Vor- und Zuname

geboren am   in
_____

wohnhaft in
_____

☐ **6.3** Falls das Betreuungsgericht einen sogenannten Kontrollbetreuer für notwendig hält, soll dies

Herr/Frau
_____
Vor- und Zuname

geboren am   in
_____

wohnhaft in
_____

übernehmen.

☐ **6.4** Auf keinen Fall soll die nachfolgend genannte Person zu meinem Betreuer/meiner Betreuerin bestellt werden:

1. Herr/Frau
_____
Vor- und Zuname

geboren am   in
_____

wohnhaft in
_____

7 Haftung/Haftungsbeschränkung

☐ **7.1** Der Bevollmächtigte haftet gegenüber dem Vollmachtgeber, seinen Erben sowie gegenüber Behörden nur für vorsätzliche und grob fahrlässige Handlungen sowie für eine grobe Missachtung der Wünsche des Vollmachtgebers.

☐ **7.2** Dem Bevollmächtigten muss nachgewiesen werden, dass er entgegen den Wünschen des Vollmachtgebers gehandelt hat (Beweislastumkehr).

☐ **7.3** Der Bevollmächtigte wird von der Beweislast der weisungsgemäßen Erfüllung dieser Vollmacht entbunden.

_____   _____
Ort, Datum   **Unterschrift des Vollmachtgebers**

8 Bestätigung

Ich, _____
Name des Bevollmächtigten

kenne den Inhalt dieser Vollmacht und bin bereit, die Bevollmächtigung anzunehmen.

_____ _____
Ort, Datum **Unterschrift des Bevollmächtigten**

Ich, _____
Vor- und Zuname, Anschrift, Telefon des Zeugen, z.B. Arzt Ihres Vertrauens, Notar

bestätige, dass Herr/Frau

_____

diese Verfügung heute in meiner Gegenwart eigenhändig unterschrieben hat und ich keinen Zweifel daran habe, dass er selbstbestimmt mit eigenem Willen die bezeichneten Entscheidungen getroffen hat.

_____ _____
Ort, Datum **Unterschrift**

9 Ergänzende Unterlagen

☐ 9.1 Vereinbarung mit dem Bevollmächtigten im Innenverhältnis

☐ 9.2 Bankvollmachten zu den folgenden Konten auf Formularen der Banken:

_____
_____
_____

☐ 9.3 Gesonderte Postvollmacht

☐ 9.4 Patientenverfügung

☐ 9.5 Handschriftliche Sorgerechtsverfügung für minderjährige Kinder

☐ 9.6 Liste: Wer hat Originale und Kopien welcher Vollmachten und Verfügungen

Hilfe zum Ausfüllen
Vereinbarung im Innenverhältnis

Die Vereinbarung im Innenverhältnis ist ein Vertrag zwischen Vollmachtgeber und Bevollmächtigtem. Hier wird geregelt, wie der Bevollmächtigte seine Aufgaben erfüllen soll.

Sofern Sie mehrere Personen bevollmächtigen wollen, können Sie diese alle nennen. Alternativ können Sie für jeden Bevollmächtigten eine eigene Vereinbarung ausstellen. Letzteres empfiehlt sich vor allem dann, wenn Sie mehrere Bevollmächtigte haben, denen Sie unterschiedliche Aufgaben zuweisen wollen. Achten Sie jedoch darauf, dass die unterschiedlichen Vereinbarungen keine widersprüchlichen Regelungen enthalten.

Mit dem Verweis auf die Vollmacht machen Sie deutlich, worauf sich die Vereinbarung bezieht.

1 Wirksamkeit

Die Vereinbarung im Innenverhältnis ist das richtige Mittel, um den Zeitpunkt oder die Situation festzulegen, in der der Bevollmächtigte seine Vollmacht nutzen soll. Hält er sich nicht an diese Regeln, ist er dafür haftbar.

1.1 Den meisten Vollmachtgebern reicht die allgemeine Formulierung, dass die Vollmacht nur im Bedarfsfall genutzt werden soll.

1.2 – 1.3 Es ist auch möglich, den Einsatz der Vollmacht von einer Bestätigung der Geschäftsunfähigkeit, etwa durch einen Arzt, abhängig zu machen. Derjenige, der die Bestätigung geben soll, muss mit Namen und Kontaktdaten benannt sein. Für den Fall, dass diese Person nicht erreichbar ist, sollten alternativ mehrere andere Personen aufgelistet werden.

1.4 Je komplizierter die Vorgaben sind, desto schwieriger wird es jedoch für den Bevollmächtigten, diese zu erfüllen. Dies gilt insbesondere für eine sich regelmäßig wiederholende Bestätigung der Geschäftsunfähigkeit.

1.5 Hier können Sie eigene Vorgaben formulieren.

2 Mehrere Bevollmächtigte

Wenn Sie mehrere Personen bevollmächtigen, sollte möglichst eindeutig geregelt sein, wer welche Befugnisse haben soll. Letztlich geht es darum zu vermeiden, dass sich Bevollmächtigte bei unterschiedlichen Auffassungen gegenseitig blockieren oder widersprüchliche Entscheidungen treffen. Streit zwischen mehreren Bevollmächtigten führt fast immer zu Nachteilen für den Vollmachtgeber.

2.1 Sie können einen Bevollmächtigten als alleinigen Akteur bestimmen. Der zweite Bevollmächtigte tritt erst dann ein, wenn der erste seine Aufgaben nicht wahrnehmen kann.

2.2 Sie können den Bevollmächtigten verschiedene Aufgabenbereiche zuweisen, etwa Finanzangelegenheiten oder persönliche Angelegenheiten. Da sich jedoch immer Überschneidungen ergeben, sollten Sie festlegen, wer im Zweifel das letzte Wort haben soll.

2.3 Mit dem Verbot des gegenseitigen Widerrufs der Vollmacht vermeiden Sie, dass ein Bevollmächtigter den anderen handlungsunfähig macht. Nur der Vollmachtgeber sollte eine Vollmacht widerrufen können.

2.4 Falls Unstimmigkeiten zwischen den Bevollmächtigten bestehen, wie die Vollmacht umgesetzt werden soll, gibt es die Option, eine neutrale Institution einzuschalten. Geeignet ist beispielsweise ein Notar.

2.5 Eine Alternative zur Einschaltung eines Dritten kann die Einrichtung einer gesetzlichen Betreuung sein. Dann muss das Gericht entscheiden, wer die Belange des Vollmachtgebers am besten vertreten kann. Dieser Betreuer wird vom Gericht kontrolliert.

2.6 Falls Sie andere Vorstellungen haben, wie im Streitfall verfahren werden soll, etwa die Schlichtung durch eine neutrale Person, können Sie auch diese benennen.

---

3 Gesundheitsangelegenheiten und längerfristige Pflege

3.1 Wenn Sie eine Patientenverfügung aufgesetzt haben, reicht der Verweis auf diese. Weitere Erläuterungen sind nicht notwendig. Damit die Patientenverfügung berücksichtigt werden kann, muss der Bevollmächtigte wissen, wo er diese findet.

3.2 Gibt es keine Patientenverfügung, können Sie in der Vereinbarung im Innenverhältnis die Ihnen wichtigen Aspekte zur medizinischen Behandlung und eventuell zum Abbruch lebenserhaltender Maßnahmen aufnehmen. Dabei können Sie die Textbausteine zur Patientenverfügung nutzen **(→ Seite 11 ff.).**

Zu den folgenden Punkten müssen Sie sich nur äußern, wenn es keine Patientenverfügung gibt oder wenn einzelne Punkte darin nicht enthalten sind.

3.3 – 3.6 Für den Fall einer längerfristigen Pflege sollten Sie sich überlegen und ggf. im Familienkreis oder mit der Person, die Sie später unterstützen soll, besprechen, wie die Pflege im häuslichen Bereich gelingen kann. Wenn eine Person aus Ihrem privaten Umfeld die Pflege übernimmt, können Sie ihr dafür eine Entschädigung zahlen. Das kann beispielsweise das Pflegegeld aus der Pflegeversicherung sein.

3.7 Sie sollten sich bei einer längerfristigen Pflege nicht nur auf die private Pflege verlassen. Es ist immer empfehlenswert, private Pflegepersonen durch den geschickten Einsatz von professionellen Diensten zu entlasten.

3.8 Es kann Situationen geben, in denen die Pflege zu Hause langfristig nicht sichergestellt werden kann, etwa bei einer fortgeschrittenen Demenzerkrankung. Für diesen Fall sollten Sie die Versorgung in einer stationären Einrichtung bedenken. Das kann ein klassisches Pflegeheim sein. In einigen Bundesländern gibt es zunehmend auch sogennannte ambulant betreute Wohngemeinschaften für Pflegebedürftige. Auch hier wird in der Regel eine umfassende Pflege geleistet.

3.9 Erkundigen Sie sich nach den Angeboten in Ihrer Region. Falls es die von Ihnen gewünschte Einrichtung im Bedarfsfall nicht mehr gibt, können Sie dem Bevollmächtigten Kriterien an die Hand geben, die Ihnen bei der Auswahl einer Einrichtung wichtig sind. Nennen Sie maximal drei Kriterien, damit eine realistische Chance besteht, eine solche Einrichtung zu finden.

4 Wohnungsangelegenheiten und freiheitsbeschränkende Maßnahmen

4.1 Sofern die Vollmacht die Befugnis gibt, über freiheitsbeschränkende Maßnahmen zu entscheiden, können Sie in der Vereinbarung im Innenverhältnis deutlich machen, dass die Freiheitsbeschränkung nur die letzte mögliche Option sein soll.

4.2 Wenn jemand dauerhaft nicht mehr in seiner bisherigen Wohnung leben kann, ist es meistens sinnvoll, den Haushalt aufzulösen. Die Auflösung sollte aber nicht vorschnell erfolgen, da diese Entscheidung häufig nicht rückgängig gemacht werden kann.

4.3 Wie lange die alte Wohnung gehalten werden soll, hängt von den persönlichen Lebensumständen ab. Soll der Bevollmächtigte eine Immobilie verkaufen, muss die Vollmacht notariell beurkundet sein.

4.4 Regeln Sie am besten auch, was bei der Haushaltsauflösung mit dem Inventar der Wohnung passieren soll. In ein Pflegeheim können Sie nur wenige Dinge mitnehmen.

Sofern Ihnen wichtig ist, dass bestimmte Personen Dinge aus dem alten Haushalt bekommen, können Sie das hier regeln. Sollen Haushaltsgegenstände eingelagert und nicht entsorgt werden, können Sie dies ebenfalls bestimmen. Aber beachten Sie die dadurch entstehenden Kosten.

5 Finanzen und Geschenke

Ein Bevollmächtigter muss sowohl gegenüber dem Vollmachtgeber als auch gegenüber dessen Erben für seine Entscheidungen haften. Gerade finanzielle Wünsche sollten klar geregelt sein, um späteren Streit zu vermeiden. Daher sollten Sie erklären, wofür Ihr Geld verwendet werden soll.

5.1 Wenn Sie jemanden regelmäßig unterstützen wollen, etwa ein behindertes Enkelkind, sollten Sie hier den Betrag, die Häufigkeit (beispielsweise jeden Monat) und den Namen des Empfängers festhalten. Im besten Fall notieren Sie auch die entsprechende Kontoverbindung.

Wenn Zahlungen an den Bevollmächtigten oder dessen Familienmitglieder erfolgen sollen, müssen Sie dies auf jeden Fall mit aufnehmen.

5.2 Auch wenn Sie Geschenke machen wollen, etwa zum Geburtstag, zur Hochzeit oder zum bestandenen Abitur, sollten Sie dies klarstellen. Schreiben Sie den Namen des Beschenkten auf, und nennen Sie den Anlass, die Art des Geschenks und eventuell auch den Wert.

5.3 Gesetzliche Betreuer bekommen für ihre Tätigkeit Geld. Das Gesetz sieht vor, dass ehrenamtlich tätige Betreuer (z.B. Familienangehörige) eine Aufwandspauschale von 399 Euro pro Jahr erhalten. Auch für den Bevollmächtigten können Sie eine solche Regelung treffen, damit dieser seine Auslagen finanzieren kann.

6 Sonstige Wünsche

Überlegen Sie, ob Ihnen noch weitere Dinge wichtig sind, die der Bevollmächtigte tun oder lassen soll. Das kann beispielsweise die Versorgung von Haustieren oder die Pflege des Gartens sein, die Unterstützung von Angehörigen oder der Umgang mit größeren Vermögenswerten. Auch Regelungen zum Begräbnis und zur Trauerzeremonie können Sie hier aufnehmen.

7 Haftung/Haftungsausschluss

Grundsätzlich ist der Bevollmächtigte gegenüber dem Vollmachtgeber vollumfänglich haftbar. Sofern nichts anderes geregelt ist, muss im Zweifel der Bevollmächtigte beweisen, dass er alles richtig gemacht hat. Um den Bevollmächtigten zu entlasten, können Sie alternative Regelungen zur Haftung treffen. Wie weit sich ein Vollmachtgeber darauf einlässt, die Haftung des Bevollmächtigten zu erleichtern, hängt vom gegenseitigen Vertrauen ab. Im Zweifel ist hier besser nichts geregelt, und es gelten die gesetzlichen Vorgaben. Wichtig! In der Vollmacht und der Vereinbarung im Innenverhältnis sollten dieselben Regelungen gelten.

7.1 Sie können den Bevollmächtigten fast vollständig aus der Haftung entlassen und seine Haftung auf Vorsatz und grobe Fahrlässigkeit beschränken.

7.2 Alternativ besteht die Möglichkeit zur Beweislastumkehr. Dann gilt für den Bevollmächtigten zunächst die Unschuldsvermutung, und der Vollmachtgeber muss beweisen, dass die Vollmacht missbräuchlich verwendet wurde.

7.3 Am weitgehendsten ist die Regelung, den Bevollmächtigten von sämtlichen Pflichten zum Nachweis des ordnungsgemäßen Umgangs mit der Vollmacht zu entbinden.

8 Unterschriften

Es handelt sich um einen gegenseitigen Vertrag. Deshalb müssen alle Vertragspartner, also Vollmachtgeber und Bevollmächtigte, mit ihrem vollen Namen, Ort und Datum unterschreiben. Eine Bestätigung durch eine dritte Person ist nicht notwendig.

Das Formular zur Vereinbarung im Innenverhältnis können Sie auch kostenlos online ausfüllen und ausdrucken. Sie finden es unter www.vz-ratgeber.de/formulare-vorsorge

Vereinbarung im Innenverhältnis

Zwischen _____
Vor- und Zuname

nachfolgend **Vollmachtgeber** genannt

geboren am _____ in _____

wohnhaft in _____
_____
Anschrift, Telefon

und

_____
Vor- und Zuname

nachfolgend **Bevollmächtigte/r A** genannt

geboren am _____ in _____

wohnhaft in _____
_____
Anschrift, Telefon

und

_____
Vor- und Zuname

nachfolgend **Bevollmächtigte/r B** genannt

geboren am _____ in _____

wohnhaft in _____
_____
Anschrift, Telefon

(ggf. streichen, wenn nur ein Bevollmächtigter)

Diese Vereinbarung regelt die Anwendung der Vollmacht vom _____ (Datum) im Innenverhältnis zwischen Vollmachtgeber und Bevollmächtigtem. Die im Außenverhältnis umfänglich gültige Vollmacht darf der Bevollmächtigte nur in dem nachfolgend durch Ankreuzen und Ausfüllen bestimmten Umfang nutzen.

1 Wirksamkeit

☐ Der Bevollmächtigte verpflichtet sich gegenüber dem Vollmachtgeber von der Vollmacht in seinem Interesse und zu seinem Wohlergehen sowie erst dann Gebrauch zu machen, wenn der Vollmachtgeber zeitweise oder dauerhaft seine Angelegenheiten nicht mehr regeln kann.

☐ Der Eintritt der Entscheidungsunfähigkeit und/oder Geschäftsunfähigkeit muss (ärztlich) festgestellt und schriftlich bestätigt werden durch

_____

_____

(Vor- und Zuname, Anschrift und Telefon der gewünschten Person/(Haus-)Arzt oder gegebenenfalls eines Vertreters)

☐ Ist der genannte Arzt nicht erreichbar, kann an seiner Stelle ein anderer Arzt mit der erforderlichen Fachqualifikation dieses tun.

☐ Die Bestätigung der Entscheidungsunfähigkeit und/oder Geschäftsunfähigkeit muss im Abstand von _____ Monaten wiederholt werden.

☐ _____

_____

2 Mehrere Bevollmächtigte

☐ **2.1** Der Bevollmächtigte A soll allein alle Aufgaben als Bevollmächtigter wahrnehmen. Nur wenn er nicht in der Lage ist, die Rechte des Vollmachtgebers wahrzunehmen oder ausdrücklich Unterstützung wünscht, soll Bevollmächtigter B an seiner Stelle handeln.

☐ **2.2** Der Bevollmächtigte A soll sich ausschließlich um die Vermögens- und Rechtsangelegenheiten des Vollmachtgebers kümmern. Der Bevollmächtigte B soll den Vollmachtgeber in allen anderen, insbesondere den persönlichen, Angelegenheiten vertreten. Bei Überschneidungen der Aufgaben soll Bevollmächtigter _____ (A oder B) die Entscheidung treffen.

☐ **2.3** Die Bevollmächtigten sind nicht berechtigt, ihre Vollmachten gegenseitig zu widerrufen.

☐ **2.4** Sofern Unstimmigkeiten zwischen den Bevollmächtigten zur Ausübung ihrer Aufgaben bestehen, müssen sie notariellen Rat einholen. Die Bevollmächtigten müssen dem Rat des Notars folgen.

☐ **2.5** Sofern Unstimmigkeiten zwischen den Bevollmächtigten zur Ausübung ihrer Aufgaben bestehen, müssen sie vor Gericht für diesen Aufgabenbereich die Einrichtung einer Betreuung anregen. Die Auswahl des dafür geeigneten Betreuers obliegt dem Gericht.

☐ _____

_____

3 Gesundheitsangelegenheiten und längerfristige Pflege

☐ **3.1** Bei der Vertretung in medizinischen Angelegenheiten soll der Bevollmächtigte die Vorstellungen des Vollmachtgebers berücksichtigen, insbesondere die Regelungen in seiner Patientenverfügung.

Eine Patientenverfügung wurde vom Vollmachtgeber erstellt. Deren Inhalte sind dem Bevollmächtigten bekannt und er kennt den Aufenthaltsort des Originals der Patientenverfügung.

☐ **3.2** sonstige Regelungen zur medizinischen Behandlung:

_____

_____

_____

_____

☐ **3.3** Einkommen und Vermögen des Vollmachtgebers sollen für die bestmögliche Pflege seiner Person verwendet werden. Zur finanziellen Sicherstellung der Pflege darf der Bevollmächtigte auch Geldanlagen des Bevollmächtigten auflösen und/oder Vermögenswerte verkaufen.

☐ **3.4** Für den Fall einer Pflegebedürftigkeit des Vollmachtgebers über längere Zeit soll möglichst die folgende Person/Dienstleister die Pflege übernehmen.

_____

Name der Person/des Dienstleisters, Anschrift, Telefon

☐ **3.5** sonstige Regelungen für die Pflege zu Hause:

_____

_____

_____

☐ **3.6** Für die Übernahme der Pflege soll die oben benannte Person/Institution wie folgt entschädigt werden:

☐ monatlicher Geldbetrag in Höhe von: _____ Euro

☐ freie Kost und Logis (in der Wohnung des Vollmachtgebers während der Zeit der Pflege)

☐ _____

40 Vereinbarung im Innenverhältnis

☐ **3.7** Falls professionelle Pflege zu Hause notwendig ist, soll möglichst der Pflegedienst

_____

Name, Adresse des Pflegedienstes

damit beauftragt werden.

☐ **3.8** Wenn eine ambulante Versorgung des Vollmachtgebers nicht (mehr) möglich ist, möchte der Vollmachtgeber möglichst in die folgende Pflegeeinrichtung einziehen:

_____

Name, Adresse der Einrichtung

☐ **3.9** Wenn eine ambulante Versorgung des Vollmachtgebers nicht (mehr) möglich und ein Umzug in eine Pflegeeinrichtung nötig ist, soll diese unter anderem unter folgenden Gesichtspunkten ausgewählt werden:

☐ Nähe zum bisherigen Wohnort des Vollmachtgebers

☐ Nähe zum Wohnort des Bevollmächtigten

☐ günstige Kosten der Einrichtung

☐ konfessionelle Ausrichtung der Einrichtung, der folgenden Religion: _____

☐ Versorgung in einem Einzelzimmer

☐ hohe fachliche Standards und Pflegequalität

☐ **3.10** weitere Wünsche an die Pflegeeinrichtung:

_____

_____

_____

4 Wohnungsangelegenheiten und freiheitsbeschränkende Maßnahmen

☐ **4.1** Dem Anbringen von Bauchgurten, Bettgittern und anderen Vorrichtungen sowie der Freiheitsbeschränkung durch Medikamente darf der Bevollmächtigte nur zustimmen, wenn alle anderen Maßnahmen nach dem aktuellen wissenschaftlichen Stand der pflegerischen Erkenntnisse ausgeschöpft sind.

☐ **4.2** Sofern der Umzug in ein Pflegeheim nötig wird, sollen die Wohnung und der Haushalt des Vollmachtgebers für ___ Monate beibehalten und die dafür nötigen (Miet-)Zahlungen geleistet werden.

☐ **4.3** Nach dem Umzug des Vollmachtgebers in ein Heim darf der Bevollmächtigte den Mietvertrag des Vollmachtgebers kündigen, den Haushalt auflösen und das Inventar verwerten.

☐ **4.4** weitere Regelungen zu Wohnung, Haushaltsauflösung, Verwertung Inventar und Umzug:

_____

_____

_____

_____

_____

5 Finanzen und Geschenke

☐ **5.1** Der Bevollmächtigte soll aus dem Einkommen und Vermögen des Vollmachtgebers folgende (regelmäßige) **Zahlungen** an die folgenden Personen zahlen:

_____

_____

_____

_____

Betrag, Häufigkeit, an welche Person

☐ **5.2** Der Bevollmächtigte soll aus dem Einkommen und Vermögen des Vollmachtgebers folgende (regelmäßige) **Geschenke** an die folgenden Personen geben:

_____

_____

_____

_____

Wert, Häufigkeit, Anlass, an welche Person

☐ **5.3** Der Bevollmächtigte soll für seine Tätigkeit eine pauschale Aufwandsentschädigung in Höhe von _____ Euro pro Monat/Jahr aus dem Einkommen und Vermögen des Vollmachtgebers erhalten.

6 Sonstige Wünsche und Anweisungen an den Bevollmächtigten

☐ _____

☐ _____

☐ _____

☐ _____

☐ _____

☐ _____

7 Haftung/Haftungsausschluss

☐ **7.1** Der Bevollmächtigte haftet gegenüber dem Vollmachtgeber, seinen Erben sowie gegenüber Behörden nur für vorsätzliche und grob fahrlässige Handlungen sowie für eine grobe Missachtung der in dieser Vereinbarung festgelegten Wünsche.

☐ **7.2** Dem Bevollmächtigten muss nachgewiesen werden, dass er entgegen den Wünschen des Vollmachtgebers gehandelt hat (Beweislastumkehr).

☐ **7.3** Der Bevollmächtigte wird von der Beweislast der weisungsgemäßen Erfüllung dieser Vereinbarung durch den Vollmachtgeber entbunden.

_____ _____
Ort, Datum   Unterschrift des Vollmachtgebers

_____ _____
Ort, Datum   Unterschrift des Bevollmächtigten A

_____ _____
Ort, Datum   Unterschrift des Bevollmächtigten B

Betreuungsverfügung

- Hilfe zum Ausfüllen der Betreuungsverfügung
- Formular Betreuungsverfügung

Das nachfolgende Formular ist als Hilfestellung für die Erstellung einer Betreuungsverfügung gedacht. Es deckt allerdings nur Standardsituationen ab. Für abweichende Konstellationen und individuelle Regelungen können Sie die Freifelder nutzen. Oder Sie schreiben die Betreuungsverfügung komplett selbst. Wiederum unser Tipp: Legen Sie die Hilfe zum Ausfüllen neben das Formular. So kommen Sie sicher ans Ziel.

Hilfe zum Ausfüllen
Betreuungsverfügung

Mit der Betreuungsverfügung teilen Sie dem Gericht mit, wer Ihr Wunschbetreuer ist und wie er seine Aufgaben erfüllen soll.

Eine gesonderte Betreuungsverfügung ist nur dann notwendig, wenn Sie keine Vorsorgevollmacht erstellt haben oder darin keine Regelung zum Fall einer gesetzlichen Betreuung enthalten ist.

1 Person des Betreuers

1.1 Geben Sie Ihren Wunschbetreuer an, jeweils mit vollständigem Namen, Geburtsdaten und Kontaktdaten. Für den Fall, dass das Gericht den erstgenannten Wunschbetreuer als nicht geeignet ansieht, sollten Sie - sofern möglich - weitere Personen als Alternative nennen.

1.2 Falls ein Kontrollbetreuer notwendig ist, können Sie hier Ihren Wunschkandidaten benennen.

1.3 Sie können auch ausdrücklich Personen als Betreuer ablehnen. Sofern Sie das wollen, benennen Sie diese Personen ebenfalls mit Namen, Geburtsdaten und Kontaktdaten.

2 Gesundheitsangelegenheiten und längerfristige Pflege

2.1 Wenn Sie eine Patientenverfügung aufgesetzt haben, reicht der Verweis auf diese. Weitere Erläuterungen sind nicht notwendig.

2.2 Damit die Patientenverfügung berücksichtigt werden kann, müssen Gericht und Betreuer wissen, wo diese zu finden ist.

2.3 Gibt es keine Patientenverfügung, können Sie in der Betreuungsverfügung die Ihnen wichtigen Aspekte zur medizinischen Behandlung und eventuell zum Abbruch lebenserhaltender Maßnahmen aufnehmen. Dabei können Sie die Textbausteine zur Patientenverfügung nutzen (→ **Seite 11 ff.**).

Zu den folgenden Punkten müssen Sie sich nur äußern, wenn es keine Patientenverfügung gibt oder wenn einzelne Punkte darin nicht enthalten sind.

zu 2.4 – 2.7 Für den Fall einer längerfristigen Pflege sollten Sie sich selbst überlegen und ggf. im Familienkreis oder mit der Person, die Sie später unterstützen soll, besprechen, wie die Pflege im häuslichen Bereich gelingen kann. Wenn eine Person aus Ihrem privaten Umfeld die Pflege übernimmt, können Sie ihr dafür eine Entschädigung zukommen lassen. Das kann beispielsweise das Pflegegeld aus der Pflegeversicherung sein.

2.8 Sie sollten sich bei einer längerfristigen Pflege nicht nur auf die private Pflege verlassen. Es ist immer empfehlenswert, private Pflegepersonen durch den geschickten Einsatz von professionellen Diensten zu entlasten.

2.9 Es kann Situationen geben, in denen die Pflege zu Hause langfristig nicht sichergestellt werden kann, etwa bei einer fortgeschrittenen Demenzerkrankung. Für diesen Fall sollten Sie die Versorgung in einer stationären Einrichtung bedenken. Das kann ein klassisches Pflegeheim sein. In einigen Bundesländern gibt es zunehmend auch sogenannte ambulant betreute Wohngemeinschaften für Pflegebedürftige. Auch hier wird in der Regel eine umfassende Pflege geleistet.

2.10 Erkundigen Sie sich nach den Angeboten in Ihrer Region. Falls es die von Ihnen gewünschte Einrichtung im Bedarfsfall nicht mehr gibt, können Sie dem Betreuer Kriterien an die Hand geben, die Ihnen bei der Auswahl einer Einrichtung wichtig sind. Nennen Sie maximal drei Kriterien, damit eine realistische Chance besteht, eine solche Einrichtung zu finden.

3 Wohnungsangelegenheiten

3.1 Wenn jemand dauerhaft nicht mehr in seiner bisherigen Wohnung leben kann, ist es meistens sinnvoll, den Haushalt aufzulösen. Die Auflösung der bisherigen Wohnung sollte jedoch nicht vorschnell erfolgen, da diese Entscheidung häufig nicht rückgängig gemacht werden kann.

3.2 Wie lange die alte Wohnung aufrechterhalten werden soll, hängt von den persönlichen Lebensumständen ab.

3.3 Regeln Sie am besten auch, was bei der Haushaltsauflösung mit dem Inventar der Wohnung passieren soll. In ein Pflegeheim können Sie nur wenige Dinge mitnehmen.

Sofern Ihnen wichtig ist, dass bestimmte Personen Dinge aus dem alten Haushalt bekommen, können Sie das hier regeln. Sollen Haushaltsgegenstände eingelagert und nicht entsorgt werden, können Sie dies ebenfalls bestimmen. Aber beachten Sie die dadurch entstehenden Kosten.

4 Finanzen und Geschenke

Ein gesetzlicher Betreuer muss dem Gericht nachweisen, dass er seine Aufgaben im Sinne des Betreuten erfüllt hat. Insbesondere muss er die Verwaltung der Finanzmittel offenlegen und begründen. Damit für alle Seiten klar ist, wofür Sie Ihr Geld verwenden wollen, sollten Sie dies in Ihrer Betreuungsverfügung nennen.

4.1 Wenn Sie jemanden regelmäßig unterstützen wollen, etwa ein behindertes Enkelkind, sollten Sie hier den Betrag, die Häufigkeit (beispielsweise jeden Monat) und den Namen des Empfängers festhalten. Im besten Fall notieren Sie auch die entsprechende Kontoverbindung. Falls Zahlungen an den gesetzlichen Betreuer oder seine Familienmitglieder erfolgen sollen, müssen Sie dies auf jeden Fall mit aufnehmen.

4.2 Auch wenn Sie Geschenke machen wollen, etwa zum Geburtstag, zur Hochzeit oder zum bestandenen Abitur, sollten Sie dies klarstellen. Schreiben Sie den Namen des Beschenkten auf, und nennen Sie den Anlass, die Art des Geschenks und eventuell auch den Wert.

5 Sonstige Wünsche

Überlegen Sie, ob Ihnen noch weitere Dinge wichtig sind, die der Betreuer tun oder lassen soll. Das kann beispielsweise die Versorgung von Haustieren oder die Pflege des Gartens sein, die Unterstützung von Angehörigen oder der Umgang mit größeren Vermögenswerten. Auch Regelungen zum Begräbnis und zur Trauerzeremonie können Sie treffen.

Wenn Sie die Ihnen wichtigen Dinge bereits in einer Vorsorgevollmacht und in einer Vereinbarung im Innenverhältnis beschrieben haben, reicht ein Verweis auf diese Dokumente aus. Allerdings müssen Sie dann sicherstellen, dass Gericht und Betreuer diese Dokumente einsehen können, etwa durch eine Kopie, die der Betreuungsverfügung angeheftet ist.

6 Unterschrift

Unterschreiben Sie Ihre Betreuungsverfügung mit vollem Namen, Ort und Datum.

7 Bestätigung

Eine Bestätigung der Unterschrift und des freien Willens ist für die Gültigkeit einer Betreuungsverfügung nicht notwendig. Wenn Sie jedoch befürchten, dass jemand an Ihrer Verfügung zweifeln könnte, sollten Sie die Betreuungsverfügung durch eine dritte Person betätigen lassen.

Das Formular zur Betreuungsverfügung können Sie auch kostenlos online ausfüllen und ausdrucken. Sie finden es unter www.vz-ratgeber.de/formulare-vorsorge

Betreuungsverfügung

Nur für den Fall, dass dies nicht bereits in einer Vollmacht geregelt wurde

Für den Fall, dass eine gerichtliche Betreuung notwendig werden sollte,

wünsche ich, _____
Vor- und Zuname

geboren am _____ in _____

wohnhaft in _____
Anschrift, Telefon

die nachfolgend durch Ankreuzen und Ausfüllen beschriebene Ausgestaltung der Betreuung.

1 Person des Betreuers

☐ **1.1** Ich bitte das Gericht, aus den nachfolgend genannten Personen in absteigender Reihenfolge einen Betreuer auszuwählen:

Herr/Frau _____
Vor- und Zuname

geboren am _____ in _____

wohnhaft in _____

_____
Anschrift, Telefon

Herr/Frau _____
Vor- und Zuname

geboren am _____ in _____

wohnhaft in _____

_____
Anschrift, Telefon

Herr/Frau _____
Vor- und Zuname

geboren am _____ in _____

wohnhaft in _____

_____
Anschrift, Telefon

50 Betreuungsverfügung

☐ **1.2** Falls das Betreuungsgericht einen sogenannten Kontrollbetreuer für notwendig hält,

soll dies Herr/Frau, _____
Vor- und Zuname

geboren am _____ in _____

wohnhaft in _____
Anschrift, Telefon

übernehmen.

☐ **1.3** Auf keinen Fall soll/en die nachfolgend genannte/n Person/en zu meinem Betreuer/meiner Betreuerin bestellt werden:

Herr/Frau _____
Vor- und Zuname

geboren am _____ in _____

wohnhaft in _____

_____
Anschrift, Telefon

Herr/Frau _____
Vor- und Zuname

geboren am _____ in _____

wohnhaft in _____

_____
Anschrift, Telefon

2 Gesundheitsangelegenheiten und längerfristige Pflege

☐ **2.1** Bei der Vertretung in medizinischen Angelegenheiten soll der Betreuer meine Vorstellungen berücksichtigen, insbesondere die Regelungen in der Patientenverfügung.

☐ **2.2** Ich habe eine Patientenverfügung erstellt.
Die Patientenverfügung ist an folgendem Ort hinterlegt:

_____

☐ **2.3** Sonstige Wünsche zur medizinischen Behandlung:

_____

_____

_____

_____

_____

_____

_____

☐ **2.4** Mein Einkommen und Vermögen sollen für die bestmögliche Pflege meiner Person verwendet werden. Zur finanziellen Sicherstellung der Pflege soll der Betreuer auch meine Geldanlagen auflösen und/oder Vermögenswerte verkaufen.

☐ **2.5** Für den Fall meiner Pflegebedürftigkeit über längere Zeit soll möglichst die folgende Person/ Dienstleister die Pflege übernehmen:

_____

_____

Name der Person/des Dienstleisters, Anschrift, Telefon

☐ **2.6** Sonstige Regelungen für die Pflege zu Hause:

_____

_____

_____

☐ **2.7** Für die Übernahme der Pflege soll die oben benannte Person/Institution wie folgt entschädigt werden:

☐ monatlicher Geldbetrag in Höhe von: _____ Euro

☐ freie Kost und Logis (in meiner Wohnung während der Zeit der Pflege)

☐ _____

☐ **2.8** Falls professionelle Pflege zu Hause notwendig ist, soll möglichst der Pflegedienst

_____

Name, Adresse des Pflegedienstes

damit beauftragt werden.

☐ **2.9** Wenn meine ambulante Versorgung nicht (mehr) möglich ist, möchte ich möglichst in die folgende Pflegeeinrichtung einziehen:

_____

_____

_____

Name, Adresse der Einrichtung

☐ **2.10** Wenn meine ambulante Versorgung nicht (mehr) möglich und ein Umzug in eine Pflegeeinrichtung nötig ist, soll der Betreuer diese unter anderem unter folgenden Gesichtspunkten auswählen:

☐ Nähe zum eigenen Wohnort

☐ Nähe zum Wohnort des Betreuers

☐ günstige Kosten der Einrichtung

☐ konfessionelle Ausrichtung der Einrichtung, der folgenden Religion: _____

☐ Versorgung in einem Einzelzimmer

☐ hohe fachliche Standards und Pflegequalität

☐ weitere Wünsche an die Pflegeeinrichtung:

_____
_____
_____

3 Wohnungsangelegenheiten

☐ **3.1** Sofern der Umzug in ein Pflegeheim nötig wird, sollen meine Wohnung und mein Haushalt für ___ Monate beibehalten und die dafür nötigen (Miet-)Zahlungen geleistet werden.

☐ **3.2** Nach meinem Umzug in ein Heim soll der Betreuer baldmöglichst die Wohnung/das Haus verkaufen oder den Mietvertrag kündigen, den Haushalt auflösen und das Inventar verwerten.

☐ **3.3** weitere Regelungen zu Wohnung, Haushaltsauflösung, Verwertung Inventar und Umzug:

_____
_____
_____
_____

4 Finanzen und Geschenke

☐ **4.1** Der Betreuer soll aus meinem Einkommen und Vermögen folgende (regelmäßige) **Zahlungen** an die folgenden Personen zahlen:

_____
_____

_____

_____

Betrag, Häufigkeit, an welche Person

☐ **4.2** Der Betreuer soll aus meinem Einkommen und Vermögen folgende (regelmäßige) **Geschenke** an die folgenden Personen geben:

_____

_____

_____

_____

Wert, Häufigkeit, Anlass, an welche Person

5 Sonstige Wünsche und Anweisungen an den Betreuer

☐ _____

_____

☐ _____

_____

☐ _____

_____

☐ _____

_____

☐ _____

_____

☐ _____

_____

Ort, Datum	**Unterschrift des Verfügenden**

6 Bestätigung

Ich, _____

_____

_____

Vor- und Zuname, Anschrift, Telefon des Zeugen, z.B. Arzt Ihres Vertrauens, Notar

bestätige, dass Herr/Frau

_____

Name des Verfügenden

diese Verfügung heute in meiner Gegenwart eigenhändig unterschrieben hat und ich keinen Zweifel daran habe, dass er selbstbestimmt mit eigenem Willen die bezeichneten Entscheidungen getroffen hat.

_____ _____

Ort, Datum **Unterschrift**

Sorgerechtsverfügung für Kinder

- Erklärungen zu den Textbausteinen
- Textbausteine für die Sorgerechtsverfügung

Die Sorgerechtsverfügung muss entweder persönlich handschriftlich erstellt oder durch einen Notar verfasst und beurkundet werden. Daher folgt an dieser Stelle kein Formular zum Ausfüllen. Die nachfolgenden Erklärungen und die Textbausteine helfen Ihnen, eine Sorgerechtsverfügung aufzusetzen.

Erklärungen zu den Textbausteinen
Sorgerechtsverfügung

1 Bestimmung des Vormunds

Geben Sie Ihren vollständigen Namen und die Adresse an. Gibt es noch einen anderen elterlichen Ehepartner, gilt zunächst das elterliche Sorgerecht. Die Sorgerechtsverfügung greift erst, wenn das Familiengericht einen Vormund bestellen muss, weil kein Elternteil mit Sorgerecht vorhanden ist.

Geben Sie Namen und Geburtstag der Kinder an, für die die Sorgerechtsverfügung erstellt werden soll. In der Regel sollte es einen gemeinsamen Vormund für alle Kinder geben. Im Einzelfall kann es aber sinnvoll sein, etwa wegen einer unterschiedlich engen Bindung der Kinder an den Wunschvormund, unterschiedliche Vormünder zu bestimmen.

Nennen Sie Namen, Geburtsdatum und Adresse des Vormunds, evtl. auch eine Telefonnummer oder E-Mailadresse zur Kontaktaufnahme.

2 Gründe, warum der Vormund geeignet ist

Nennen Sie Gründe, die für den Vormund sprechen: zum Beispiel eine enge Beziehung zum Kind, Erfahrung in der Erziehung eigener Kinder, gut situierte Lebensverhältnisse, gutes Verhältnis zwischen vorhandenen Kindern des Vormunds und dem eigenen Kind oder der Wunsch des Kindes. Die aufgeführten Gründe sind wichtig für die Entscheidung des Familiengerichts. Sie sollten darlegen, warum die Person zum Wohl des Kindes besonders geeignet ist.

3 Ersatzvormund

Sofern vorhanden, können Sie dem Gericht weitere Personen als geeignete Vormünder nennen. Auch hier sind neben den Angaben von Name, Adresse und Kontaktdaten vor allem die Gründe ausschlaggebend, warum eine Person als Vormund für das Kind geeignet ist.

4 Ausschluss von der Vormundschaft

Sofern es Personen gibt, die auf keinen Fall als Vormund tätig werden sollen, können Sie diese explizit ausschließen. Auch hier sollten Sie Gründe aufführen. Denken Sie daran, dass das Wohl des Kindes an erster Stelle steht und nicht eigene Befindlichkeiten, etwa nach einer Scheidung.

5 Unterschrift

Unterschreiben Sie mit Ihrem vollständigen Namen, Ort und Datum.

6 Bestätigung durch den Vormund

Es besteht keine Pflicht, dass der Wunschvormund die Sorgerechtsverfügung unterschreibt. Er kann durch seine Unterschrift aber bestätigen, dass er von seiner Benennung weiß und diese Aufgabe bei Bedarf übernehmen wird.

Textbausteine für die Sorgerechtsverfügung

1 Bestimmung des Vormunds

Für den Fall, dass ich, Herr/Frau

_____
                                                    Name, Adresse, Geburtstdatum

meine elterliche Sorge nicht wahrnehmen kann, bestimme ich für mein/e Kind/er,

_____
                                                    Name, Adresse, Geburtstdatum

_____
                                                    Name, Adresse, Geburtstdatum

die folgende Person als Vormund:

_____
                                                    Name, Adresse, Telefon

2 Gründe warum der Vormund geeignet ist

Dies entspricht vor allem dem Wohl meines/r Kindes/er, weil …

_____

3 Ersatzvormund

Für den Fall, dass die erstgenannte Person nicht als Vormund eintreten kann, bestimme ich die folgenden Personen in absteigender Reihenfolge als Vormund:

1. _____ (Name, Adresse, Telefon). Gründe: _____

2. _____ (Name, Adresse, Telefon). Gründe: _____

4 Ausschluss von der Vormundschaft

Ich möchte nicht, dass _____ (Name, Adresse) die Vormundschaft oder Pflegschaft übernimmt.

Das hat folgende Gründe: _____

5 Unterschrift Vollmachtgeber

6 Unterschrift Wunschvormund

Testament

- Erklärungen zu den Mustertestamenten
- Muster I: Einzeltestament
- Muster II: Berliner Testament
- Muster III: Gemeinschaftliches Testament mit Vor- und Nacherbschaft zum Beispiel bei Patchworkfamilien
- Muster IV: Behinderten-/Bedürftigentestament
- Muster V: Verfügung über Bestattung und Totenfürsorge

Testament und Erbvertrag sind sehr individuell. Wie sie aussehen können, sehen Sie an den folgenden Beispielen, die Sie aber nicht direkt übernehmen sollten. Passen Sie Ihr Dokument unbedingt an Ihre persönlichen Verhältnisse an. Weil manche Paragrafen für Nicht-Juristen schwer verständlich sind, erklären wir sie hier noch einmal in knapper Form. Die ausführlichen Erläuterungen stehen im Abschnitt Testament und Erbvertrag im vorderen Teil des Buches. (→ **Seite 59 ff.**)

→ **WICHTIG** Ein Testament ist nur dann formgültig, wenn es handschriftlich geschrieben und unterschrieben wird. Die Unterschrift sollte möglichst auf jeder Seite erfolgen, um spätere Fälschungen zu erschweren. Geben Sie Ihr Testament am besten in besondere amtliche Verwahrung. Ist ein Abschreiben zu mühselig, dann kann ein Testament selbstverständlich notariell beurkundet werden. In diesem Falle muss nur die notarielle Urkunde unterschrieben werden. Es wird dringend davon abgeraten, ein Testamentsbeispiel in Form eines Formulars einfach zu übernehmen, da es nicht auf die individuellen Familien- und Vermögensverhältnisse des Verfassers Rücksicht nimmt und daher zu rechtlichen Fehlern und steuerlichen Nachteilen führt.

Erklärungen zum Muster I
Einzeltestament

Zu § 1 Persönliche Angaben

Der Hinweis auf die Geltung des deutschen Erbrechts ist wichtig, da seit August 2015 nicht mehr die Staatsangehörigkeit das geltende Erbrecht bestimmt, sondern der letzte gewöhnliche Aufenthalt.

Zu § 2 Testierfreiheit

Grundsätzlich gilt das aktuellste Testament. Das aktuellste Testament wird jedoch dann nicht wirksam, wenn es ein älteres, bindend gewordenes gemeinschaftliches Testament von Eheleuten gibt (→ **Seite 75 ff.**). In diesem Fall hat man die Testierfreiheit verloren.

Die Testierfreiheit hat auch verloren, wer bereits durch einen bindend gewordenen notariellen Erbvertrag einen Erben bestimmt hat.

Sind bereits zuvor Einzeltestamente errichtet worden, ist es wichtig, diese in vollem Umfang zu widerrufen und nicht lediglich in einzelnen Punkten abzuändern, da andernfalls Auslegungsprobleme entstehen könnten, von welchen Testamenten welche Teile gelten und welche nicht.

Zu § 3 Erbeinsetzung

Vollerbe bedeutet hier Einsetzung ohne Beschränkungen (→ **Seite 82 f.**). Gleichwohl gilt: Die Erben einer Erbengemeinschaft müssen sich einigen, andernfalls droht beispielsweise die Teilungsversteigerung einer Immobilie (→ **Seite 68 ff.**). Sinnvoll kann es sein, an diesem Punkt das Testament zu ergänzen und klare Zuweisungen von Vermögen direkt an einzelne Miterben zu tätigen. Erfolgt dabei eine Ungleichbehandlung, muss zudem auch geregelt werden, ob ein Wertausgleich stattfinden soll oder nicht.

Die Ersatzerbenregelung ist wichtig, da der angedachte Erbe vor dem Testamentsverfasser versterben kann. In diesem Fall erben gegebenenfalls weit entfernte Verwandte, zu denen kein Kontakt mehr besteht. Habe ich hingegen Verwandte, von denen ich einzelne begünstigen möchte, andere aber nicht, so muss dies gleichfalls ausdrücklich im Rahmen der Ersatzerbenbestimmung aufgeführt werden.

Erklärungen zum Muster II
Berliner Testament

Zu § 1 Persönliche Angaben

Der Hinweis auf die Geltung des deutschen Erbrechts ist wichtig, da seit August 2015 nicht mehr die Staatsangehörigkeit das geltende Erbrecht bestimmt, sondern der letzte gewöhnliche Aufenthalt.

Zu § 2 Testierfreiheit

Hier gilt zunächst das in § 2 Einzeltestament Ausgeführte. Wichtig ist ergänzend, dass bei einem gemeinschaftlichen Testament die Ehegatten ihr Testament auch nur gemeinsam wieder abändern oder aufheben können. Wurde es in amtliche Verwahrung gegeben, kann es auch nur gemeinschaftlich wieder zurückgenommen werden. Will nur ein Ehegatte ein gemeinschaftliches Testament aufheben, der andere aber nicht, kann dies nur durch eine Erklärung gegenüber einem Notar erfolgen, mit anschließender Zustellung der Widerrufsurkunde. Das Recht zum Widerruf erlischt mit dem Tod des anderen Ehegatten. Um seine Testierfreiheit dann wiederzuerlangen, kann der überlebende Ehegatte binnen eines Jahres das ihm Zugewendete ausschlagen. In diesem Fall tritt allerdings die gesetzliche Erbfolge ein.

Zu § 3 Verfügungen für den ersten Todesfall

Gibt es Pflichtteilsberechtigte, also Kinder oder Eltern, so können diese immer den Pflichtteil verlangen, sofern sie nicht pflichtteilsunwürdig sind oder Pflichtteilsentziehungsgründe vorliegen. Es ist daher sinnvoll, die Kinder schon über ein Vermächtnis am Nachlass des erstversterbenden Ehegatten teilhaben zu lassen. Dies mindert die Gefahr einer Pflichtteilsstreitigkeit. Zudem kann es erbschaftsteuerlich günstig sein, die Kinder am Nachlass des Erstversterbenden teilhaben zu lassen, da andernfalls der entsprechende Erbschaftsteuerfreibetrag von 400.000 Euro verloren geht.

Zu § 4 Verfügungen für den zweiten Todesfall

siehe § 3 Einzeltestament.

Zu § 5 Pflichtteilsstrafklausel:

Die Pflichtteilsstrafklausel kann die Kinder nur davon abschrecken, den Pflichtteil gegenüber einem Elternteil geltend zu machen, verhindern kann sie es nicht. Die Pflichtteilsstrafklausel reduziert die Teilhabe eines Kindes auf den zweimaligen Erhalt eines Pflichtteils. Ist ein Pflichtteilsstreit konkret zu erwarten, genügt die bloße Anwendung einer Pflichtteilsstrafklausel nicht: Eine weitere Pflichtteilsminimierung kann in einem solchen Fall über eine wechselseitige Vorerbeneinsetzung mit Nacherbeneinsetzung der Kinder, die wahrscheinlich keinen Pflichtteil einfordern, zu Nacherben erfolgen. Wichtig ist, dass eine einvernehmliche Pflichtteilsgeltendmachung zwischen Pflichtteilsberechtigten und länger lebenden Ehegatten nicht sanktioniert wird. Eine solche kann sinnvoll sein, um beispielsweise Steuervorteile ausschöpfen zu können.

Zu § 6 Anfechtungsverzicht

Heiratet beispielsweise der länger lebende Ehegatte erneut, so steht auch dem Ehegatten aus dieser Ehe ein Pflichtteilsrecht und damit ein Anfechtungsrecht des Testaments zu. Wer den Bestand eines Testaments zugunsten der eigenen Kinder sichern will, dem ist die Anordnung des Anfechtungsverzichts dringend angeraten.

Zu § 7 Wechselbezüglichkeit, Bindungswirkung

Dem Gesetz ist eine Vermutungsregel zu entnehmen, dass der längst lebende Ehegatte die einmal getroffene Schlusserbeneinsetzung nicht mehr abändern darf. Dies kann aus Sicht des zuerst versterbenden Ehegatten insoweit sinnvoll sein, als dadurch Partner einer weiteren Ehe nicht mehr zu testamentarischen Erben werden können. Treten aber unvorhergesehene Umstände auf, entfernt sich beispielsweise ein Kind von der Familie, während das andere Kind den längst lebenden Ehegatten pflegt, kann es durchaus angezeigt sein, das Testament abzuändern und dem pflegenden Kind mehr zuzusprechen.

Zu § 8 Katastrophenklausel

Diese hat zum einen eine klarstellende Funktion, zum anderen kann sie erbschaftsteuerliche Nachteile verhindern.

Erklärungen zum Muster III
Gemeinschaftliches Testament mit Vor- und Nacherbschaft

Zu § 1 Persönliche Angaben

Der Hinweis auf die Geltung des deutschen Erbrechts ist wichtig, da seit August 2015 nicht mehr die Staatsangehörigkeit das geltende Erbrecht bestimmt, sondern der letzte gewöhnliche Aufenthalt.

Zu § 2 Testierfreiheit

Hier gilt zunächst das in § 2 Einzeltestament Ausgeführte. Wichtig ist ergänzend, dass bei einem gemeinschaftlichen Testament die Ehegatten ihr Testament nur gemeinsam abändern oder aufheben können. Wurde es in amtliche Verwahrung gegeben, kann es nur gemeinschaftlich wieder zurückgenommen werden. Will nur ein Ehegatte ein gemeinschaftliches Testament aufheben, der andere aber nicht, kann dies nur durch eine Erklärung gegenüber einem Notar erfolgen, mit anschließender Zustellung der Widerrufsurkunde. Das Recht zum Widerruf erlischt mit dem Tod des anderen Ehegatten. Um seine Testierfreiheit dann wiederzuerlangen, kann der überlebende Ehegatte binnen eines Jahres das ihm Zugewendete ausschlagen, und die gesetzliche Erbfolge tritt ein.

Zu § 3 Verfügungen für den ersten Todesfall

Das System der Vor- und Nacherbschaft verhindert, dass der länger lebende Ehegatte den Nachlass in der Substanz selbst erhält. Sein eigenes Vermögen und der ererbte Nachlass bleiben rechtlich voneinander getrennt. Es gibt verschiedene Stufen der Vor- und Nacherbschaft: Als vollständig unbefreiter Vorerbe kann dieser lediglich den Nachlass nutzen, beispielsweise ein Haus bewohnen, dieses aber nicht veräußern, oder Zinsen von einem Guthaben für sich verbrauchen, nicht aber das Guthaben selbst. Ein vollständig befreiter Vorerbe kann hingegen den Nachlass insgesamt für sich verbrauchen. Welche Variante gewünscht wird, muss in der Verfügung klar zum Ausdruck kommen.

Zu § 4 Anfechtungsverzicht

Heiratet beispielsweise der länger lebende Ehegatte erneut, so steht auch dem Ehegatten aus dieser Ehe ein Pflichtteilsrecht und damit ein Anfechtungsrecht des Testaments zu. Wer den Bestand eines Testaments zugunsten der eigenen Kinder sichern will, dem ist die Anordnung des Anfechtungsverzichts dringend angeraten.

Zu § 5 Verfügungen für den zweiten Todesfall

Vollerbe bedeutet hier Einsetzung ohne Beschränkungen. Gleichwohl gilt: Die Erben einer Erbengemeinschaft müssen sich einigen, andernfalls droht beispielsweise die Teilungsversteigerung einer Immobilie (→ **Seite 68 ff.**). Sinnvoll kann es sein, an diesem Punkt das Testament zu ergänzen und klare Zuweisungen von Vermögen direkt an einzelne Miterben zu tätigen. Erfolgt dabei eine Ungleichbehandlung, muss zudem auch geregelt werden, ob ein Wertausgleich stattfinden soll oder nicht.

Zu § 6 Ersatzerbenregelung

Die Ersatzerbenregelung ist wichtig, da der angedachte Erbe vor dem Testamentsverfasser versterben kann. In diesem Fall erben gegebenenfalls weit entfernte Verwandte, zu denen kein Kontakt mehr besteht. Habe ich hingegen Verwandte, von denen ich einzelne begünstigen möchte, andere aber nicht, so muss dies gleichfalls ausdrücklich im Rahmen der Ersatzerbenbestimmung aufgeführt werden.

Zu § 7 Pflichtteilsstrafklausel

Die Pflichtteilsstrafklausel kann die Kinder nur davon abschrecken, den Pflichtteil gegenüber einem Elternteil geltend zu machen, verhindern kann sie es nicht. Die Pflichtteilsstrafklausel reduziert die Teilhabe eines Kindes auf den zweimaligen Erhalt eines Pflichtteils. Ist ein Pflichtteilsstreit konkret zu erwarten, genügt die bloße Anwendung einer Pflichtteilsstrafklausel nicht: Eine weitere Pflichtteilsminimierung kann in einem solchen Fall über eine wechselseitige Vorerbeinsetzung mit Nacherbeneinsetzung der Kinder, die wahrscheinlich keinen Pflichtteil einfordern, zu Nacherben erfolgen. Wichtig ist, dass eine einvernehmliche Pflichtteilsgeltendmachung zwischen Pflichtteilsberechtigten und länger lebenden Ehegatten nicht sanktioniert wird. Eine solche kann sinnvoll sein, um beispielsweise Steuervorteile ausschöpfen zu können.

Zu § 8 Wechselbezüglichkeit, Bindungswirkung

Dem Gesetz ist eine Vermutungsregel zu entnehmen, dass der längst lebende Ehegatte die einmal getroffene Schlusserbeneinsetzung nicht mehr abändern darf. Dies kann aus Sicht des zuerst versterbenden Ehegatten insoweit sinnvoll sein, als dadurch Partner einer weiteren Ehe nicht mehr zu testamentarischen Erben werden können. Treten aber unvorhergesehene Umstände auf, entfernt sich beispielsweise ein Kind von der Familie, während das andere Kind den längst lebenden Ehegatten pflegt, kann es durchaus angezeigt sein, das Testament abzuändern und dem pflegenden Kind mehr zuzusprechen.

Erklärungen zum Muster IV
Behinderten-/Bedürftigentestament

Zu § 1 Persönliche Angaben

Der Hinweis auf die Geltung des deutschen Erbrechts ist wichtig, da seit August 2015 nicht mehr die Staatsangehörigkeit das geltende Erbrecht bestimmt, sondern der letzte gewöhnliche Aufenthalt.

Zu § 2 Testierfreiheit

Grundsätzlich gilt das aktuellste Testament. Das aktuellste Testament wird jedoch dann nicht wirksam, wenn es ein älteres, bindend gewordenes gemeinschaftliches Testament von Eheleuten gibt (→ **Seite 76 ff.**). In diesem Fall hat man die Testierfreiheit verloren.

Die Testierfreiheit hat auch verloren, wer bereits durch einen bindend gewordenen notariellen Erbvertrag einen Erben bestimmt hat.

Sind bereits zuvor Einzeltestamente errichtet worden, ist es wichtig, diese in vollem Umfang zu widerrufen und nicht lediglich in einzelnen Punkten abzuändern, da andernfalls Auslegungsprobleme entstehen könnten, von welchen Testamenten welche Teile gelten und welche nicht.

Zu § 3 Erbeinsetzung

Wichtig ist auch, dass ein behindertes Kind Erbe wird und nicht auf den Pflichtteil gesetzt wird. Ebenso muss darauf geachtet werden, dass die Erbquote des behinderten Kindes über der Pflichtteilsquote liegt, da andernfalls der beteiligte Sozialhilfeträger selbst Pflichtteilsansprüche geltend machen kann. Außerdem ist stets zu beachten, dass ein geschäftsfähiges Kind die angeordnete Vor- und Nacherbschaft ausschlagen und stattdessen den Pflichtteil geltend machen kann.

Zu § 4 Testamentsvollstreckung

Wichtig ist im Rahmen eines sogenannten Behindertentestaments, dass dieses letztlich dem Wohl des behinderten Kindes dient. Dies dürfte nur dann der Fall sein, wenn der Nachlass ausreichend Mittel für das Kind zur Verfügung stellt, damit dieses Leistungen zusätzlich zu den staatlich gewährten Hilfen erhält.

Bei kleinen Vermögen kann es angezeigt sein, auf die Konstruktion des Behindertentestaments zu verzichten und das behinderte Kind gegebenenfalls auf seinen Pflichtteilsanspruch zu beschränken.

Muster I
Einzeltestament

§ 1 Persönliche Angaben

Ich, Theodor Erblasser, geboren am 30. Januar 1968 in Berlin, derzeit wohnhaft Düsseldorfer Straße 1 in Berlin, geschieden, bin deutscher Staatsangehöriger und möchte im Nachfolgenden meinen Nachlass regeln. Für dieses Testament und meinen Nachlass soll ausschließlich deutsches Erbrecht gelten. Hierzu errichte ich das folgende Testament:

§ 2 Testierfreiheit

Rein fürsorglich hebe ich alle zuvor errichteten Verfügungen von Todes wegen in vollem Umfang auf. Für die Regelung meines Nachlasses soll ausschließlich das Nachfolgende, testamentarisch Verfügte, gelten.

§ 3 Erbeinsetzung

Ich setze zu meinen alleinigen Vollerben meine beiden Kinder zu jeweils gleichen Erbteilen ein. Ersatzerben meiner Kinder sollen deren Abkömmlinge nach den Regeln der gesetzlichen Erbfolge werden. Sollte eines meiner beiden Kinder vor mir verstorben sein, ohne eigene Abkömmlinge zu hinterlassen, so erbt der andere Abkömmling bzw. dessen Stamm mein gesamtes Vermögen. Da ich außer meinen Kindern keine nähere Verwandtschaft mehr habe, bestimme ich für den Fall, dass diese bzw. deren Abkömmlinge nicht zur Erbfolge gelangen, als Ersatzerbe die … gemeinnützige Organisation e.V. mit Sitz in …

Ort, Datum   Unterschrift

→ **HINWEIS** Das ist nur ein Muster. Ein Testament muss handschriftlich geschrieben und unterschrieben sein. Alternativ ist auch eine notarielle Beurkundung möglich.

Muster II
Berliner Testament

§ 1 Persönliche Angaben

Wir, die Eheleute Peter Erblasser, geboren am 22. Januar 1965 in Münster, und Paula Erblasser, geborene Erbin, geboren am 23. Februar 1969 in Hannover, beide deutsche Staatsangehörige, haben zwei ehegemeinsame Kinder. Weitere Abkömmlinge haben wir nicht. Für unser Testament und unseren Nachlass soll ausschließlich deutsches Erbrecht gelten. Wir errichten das nachfolgende, gemeinschaftliche Testament:

§ 2 Testierfreiheit

Wir, die Eheleute Erblasser, stellen fest, dass wir durch ein bindend gewordenes gemeinschaftliches Testament oder einen Erbvertrag nicht an der Errichtung dieses Testaments gehindert sind. Rein fürsorglich heben wir einzeln und gemeinsam alle etwaig von uns errichteten Verfügungen von Todes wegen in vollem Umfang auf. Für die Verteilung unseres Nachlasses soll ausschließlich das Nachstehende gelten:

§ 3 Verfügungen für den ersten Todesfall

Wir, die Eheleute Erblasser, setzen uns gegenseitig zu alleinigen Vollerben unseres gesamten Vermögens ein.

Vermächtnis: Jedes unserer beiden Kinder erhält im ersten Erbfall ein Vermächtnis wie folgt:

…

§ 4 Verfügungen für den zweiten Todesfall

Zu unseren gemeinsamen Schlusserben im Falle des Todes des Längstlebenden von uns bestimmen wir unsere beiden ehegemeinsamen Kinder Klaus und Maria zu jeweils gleichen Teilen. Die Erbeinsetzung erfolgt zu Vollerben.

Ersatzerben unserer Kinder sollen deren Abkömmlinge nach den Regeln der gesetzlichen Erbfolgeordnung sein, wiederum ersatzweise soll innerhalb eines Stammes Anwachsung eintreten.

§ 5 Pflichtteilsstrafklausel

Für den Fall, dass eines unserer Kinder nach dem Tod des erstversterbenden Ehegatten gegen den Willen des länger lebenden Ehegatten seinen Pflichtteilsanspruch oder Pflichtteilsergänzungsanspruch geltend macht (Geltendmachung bedeutet bereits Geltendmachung seines Auskunftsanspruchs), bestimmen wir, dass dieser nicht mehr Erbe des Längstlebenden wird. Dieser Abkömmling ist dann sowohl für den ersten als auch für den zweiten Todesfall einschließlich der angeordneten Vermächtnisse mit seinem ganzen Stamm von der Erbfolge ausgeschlossen. Dem überlebenden Ehepartner steht es frei, die hier angeordnete Enterbung abzuändern.

§ 6 Anfechtungsverzicht

Wir verzichten gegenseitig hinsichtlich der Verfügungen für den ersten und zweiten Erbfall auf das uns zustehende Anfechtungsrecht nach § 2079 BGB für den Fall des Vorhandenseins oder Hinzutretens weiterer Pflichtteilsberechtigter und schließen auch das Anfechtungsrecht etwaiger Dritter aus.

§ 7 Wechselbezüglichkeiten, Bindungswirkung

Die hier getroffenen Verfügungen für den ersten und den zweiten Todesfall sind insgesamt wechselbezüglich und bindend, allerdings mit der Maßgabe, dass der überlebende Ehegatte durch ein neues Testament die Erbquote unserer beiden Kinder im Schlusserbfall abändern darf. Der länger lebende Ehegatte ist jedoch nicht berechtigt, zugunsten anderer als unserer ehegemeinschaftlichen Kinder und deren Abkömmlinge testamentarisch zu verfügen.

§ 8 Katastrophenklausel

Für den Fall, dass wir beide gleichzeitig oder innerhalb eines kurzen Zeitraums aufgrund derselben Ursache, zum Beispiel eines Unfalls, versterben, werden wir entsprechend der für den zweiten Todesfall angeordneten Schlusserbfolge beerbt.

Ort, Datum,   Unterschrift 1. Ehegatte

Dies ist auch mein Letzter Wille:

Ort, Datum,   Unterschrift 2. Ehegatte

→ **HINWEIS** Das ist nur ein Muster. Ein Testament muss handschriftlich geschrieben und unterschrieben sein. Alternativ ist auch eine notarielle Beurkundung möglich.

Muster III
Gemeinschaftliches Testament mit Vor- und Nacherbschaft

§ 1 Persönliche Angaben

Wir, die Eheleute Peter Erblasser, geboren am 22. Januar 1965 in Münster, und Paula Erblasser, geborene Erbin, geboren am 23. Februar 1969 in Hannover, beide deutsche Staatsangehörige, sind verwitwet und jeweils in zweiter Ehe verheiratet. Aus der ersten Ehe des Manns ist ein Sohn hervorgegangen, aus der ersten Ehe der Ehefrau ist eine Tochter hervorgegangen. Gemeinschaftliche Kinder haben wir nicht. Für dieses Testament und unseren Nachlass soll ausschließlich deutsches Erbrecht gelten. Wir errichten das nachfolgende, gemeinschaftliche Testament:

§ 2 Testierfreiheit

Wir, die Eheleute Erblasser, stellen fest, dass wir durch ein bindend gewordenes gemeinschaftliches Testament oder einen Erbvertrag nicht an der Errichtung dieses Testaments gehindert sind. Rein fürsorglich heben wir einzeln und gemeinsam alle etwaig von uns errichteten Verfügungen von Todes wegen in vollem Umfang auf. Für die Verteilung unseres Nachlasses soll ausschließlich das Nachstehende gelten:

§ 3 Verfügungen für den ersten Todesfall

Wir, die Eheleute Erblasser, setzen uns gegenseitig zu alleinigen Alleinerben unseres gesamten Vermögens ein. Der überlebende Ehegatte wird jedoch nur unbefreiter Vorerbe. Nacherbe des Ehemanns soll dessen Sohn werden, Nacherbe der Ehefrau deren Tochter. Nacherbfolge tritt mit dem Versterben des längst lebenden Ehegatten ein.

Wiederverheiratungsklausel: Die Nacherbfolge tritt auch dann ein, wenn sich der überlebende Ehegatte wieder verheiratet.

Für die Ersatznacherbfolge gilt § 6 dieses Testaments entsprechend.

§ 4 Anfechtungsverzicht

Wir verzichten gegenseitig hinsichtlich der Verfügungen für den ersten und zweiten Erbfall auf das uns zustehende Anfechtungsrecht nach § 2079 BGB für den Fall des Vorhandenseins oder Hinzutretens weiterer Pflichtteilsberechtigter und schließen auch das Anfechtungsrecht etwaiger Dritter aus.

§ 5 Verfügungen für den zweiten Todesfall

Für den Fall, dass der Ehemann zuletzt verstirbt, wird dessen Vollerbe sein Sohn. Für den Fall, dass die Ehefrau zuletzt verstirbt, wird Vollerbin deren Tochter.

§ 6 Ersatzerbenregelung

Ersatzerben des Sohns des Ehemanns sollen dessen weitere Abkömmlinge sein. Ersatzerben der Tochter der Ehefrau sollen deren Abkömmlinge sein. Verstirbt ein Erbe, ohne dass er Abkömmlinge hinterlässt, so wird Ersatzerbe des Sohnes des Ehemanns die Tochter der Ehefrau und umgekehrt. Für den Fall, dass keine Abkömmlinge mehr vorhanden sind, soll Ersatzerbe der gemeinnützige XX-Verein e.V. werden.

§ 7 Pflichtteilsstrafklausel

Macht ein Pflichtteilsberechtigter nach dem Tode des erstversterbenden Ehegatten gegen den Willen des länger lebenden Ehegatten seinen Pflichtteilsanspruch oder Pflichtteilsergänzungsanspruch geltend, so ist er mit seinem ganzen Stamm von der Nacherbfolge ausgeschlossen.

§ 8 Wechselbezüglichkeiten, Bindungswirkung

Unsere gegenseitig getroffenen Verfügungen für den ersten wie auch für den zweiten Todesfall sollen wechselbezüglich und bindend sein. Eine Abänderung darf nicht erfolgen.

Ort, Datum,   Unterschrift 1. Ehegatte

Dies ist auch mein Letzter Wille.

Ort, Datum,   Unterschrift 2. Ehegatte

→ **HINWEIS** Das ist nur ein Muster. Ein Testament muss handschriftlich geschrieben und unterschrieben sein. Alternativ ist auch eine notarielle Beurkundung möglich.

Muster IV
Behinderten-/Bedürftigentestament

§ 1 Persönliche Angaben

Ich, Peter Erblasser, geboren am 13. April 1957 in Hamburg, bin verwitwet, deutscher Staatsangehöriger und habe zwei Kinder.

§ 2 Testierfreiheit

Ich hebe alle bisher von mir errichteten Verfügungen von Todes wegen in vollem Umfang auf und erkläre, dass für meinen Letzten Willen ausschließlich das Nachstehende gelten soll. Für dieses Testament und meinen Nachlass soll ausschließlich deutsches Erbrecht gelten.

§ 3 Erbeinsetzung

Meine Tochter und mein Sohn sollen Erben zu je ½ werden. Meine Tochter, die aufgrund ihrer körperlichen und geistigen Behinderung in einer Institution für betreutes Wohnen untergebracht ist, wird jedoch nur unbefreite Vorerbin. Nacherbe wird ihr Bruder, ersatzweise dessen Abkömmlinge nach den Regeln der gesetzlichen Erbfolge. Der Nacherbfall tritt mit dem Versterben meiner Tochter ein. Das Nacherben-Anwartschaftsrecht ist nicht vererblich.

§ 4 Testamentsvollstreckung

Da meine Tochter nicht in der Lage ist, ihre Angelegenheiten selbst zu besorgen, ordne ich Testamentsvollstreckung für die Verwaltung ihres Erbteils an. Die Testamentsvollstreckung gilt zeitlebens meiner Tochter. Zum Testamentsvollstrecker benenne ich meinen Sohn, ersatzweise …, wiederum ersatzweise soll das Nachlassgericht einen geeigneten Testamentsvollstrecker bestimmen.

Der Testamentsvollstrecker ist verpflichtet, meiner Tochter für die nachgenannten Zwecke Mittel nach freiem Ermessen aus den Erträgnissen der Erbschaft zur Verfügung zu stellen: Taschengeld in angemessener Höhe für persönliche Anschaffungen und für die Ausübung von Hobbys sowie zur Anschaffung von Kleidung, Wäsche, Gebrauchsgegenständen etc. Darüber hinaus hat er mindestens einmal im Jahr eine mindestens zweiwöchige Reise einschließlich einer angemessenen Betreuung zu zahlen. Des Weiteren hat der Testamentsvollstrecker ärztliche Behandlungen, Therapien und Hilfsmittel, die von der Krankenkasse oder einem sonstigen Kostenträger nicht übernommen werden, zu zahlen, ebenso Kuraufenthalte.

Auf die Substanz des Vermögens darf der Testamentsvollstrecker im Zweifel zurückgreifen, sofern dies notwendig ist. Der Testamentsvollstrecker erhält die übliche Vergütung.

Ort, Datum,   Unterschrift

→ **HINWEIS** Das ist nur ein Muster. Ein Testament muss handschriftlich geschrieben und unterschrieben sein. Alternativ ist auch eine notarielle Beurkundung möglich.

Muster V
Verfügung über Bestattung und Totenfürsorge

Hiermit bestimme ich, Karl Müller, im Falle meines Todes und in Abweichung jedweder anderer, sei es auf Gesetz oder Sitte beruhender Regeln, meine Lebensgefährtin Paula Schön zur alleinigen und umfassenden Inhaberin der Totenfürsorge. Sie hat demgemäß in alleiniger Verantwortung zu entscheiden über die Art und Weise meiner Bestattung, die Erstanlage meines Grabes, die fortlaufende Grabpflege und deren Ausgestaltung sowie über alle sonstigen, irgendwie mit meiner Bestattung sowie meiner letzten Ruhe im weitesten Sinne zusammenhängenden Umstände.

Das Paula Schön umfassend eingeräumte Recht zur Totenfürsorge schließt das Recht und die Befugnis, allen beteiligten Personen, Institutionen und Behörden entsprechende Weisungen zu erteilen, ein.

Paula Schön ist im Weiteren über die Art und Weise meiner Beisetzung sowie die Durchführung der Trauerfeier wie folgt informiert: … (hier können konkrete Wünsche über die Durchführung der Trauerfeier, Einladung der Gäste, Traueranzeigen, Art und Weise der Beerdigung etc. konkret niedergelegt werden)

Glücksstadt, den …

Ort, Datum,   Unterschrift